工業簿記の基礎テキスト

相川奈美 [編著]

創成社

はしがき

　本書は，工業簿記の初歩的な知識および技法の習得を目的とした初学者を念頭に執筆されたものである。本書の執筆にあたっては，著者の先生方が，各章の内容や構成を十分研究および検討し，さらに編著者の校閲によって全体の統一と調整を図っている。

　工業簿記を習得する上で重要なことは，工業簿記の基本的な構造を理解し，問題を自ら計算，解答することで「体得」していくことである。本書では，工業簿記に関して十分な理解が得られるように，例題を設け，知識の一方的な解説にならないように配慮をしている。

　学習の便宜上，本書の構成を示せば以下のようになる。

　第1章では，工業簿記および原価の基本概念と基本構造が解説されている。基本概念および基本構造を正確に理解しておくことは非常に重要である。第2章から第4章にかけては，製品原価を計算する場合の第1ステップである費目別原価計算である，材料費，労務費，経費に関する解説がされている。第5章は，工業簿記の学習上，重要な項目である製造間接費に関する解説がされている。第6章は，製品原価を計算する場合の第2ステップである部門別原価計算に関する解説がされている。第7章から第14章までは，原価計算の各論が解説されている。第15章は，工場における会計処理に関する解説がされている。

　また，本書は『工業簿記の基礎問題集』（創成社）に対応する内容となっており，双方を併用することによって，より確実な工業簿記の習得が可能となる。

　初学者でも容易に理解できるように執筆したが，理解が困難な点，記述が不明確な点があれば，執筆者の責任である。ご教示いただければ，機会をみて修正するつもりである。

　最後に，本書の刊行にあたり，格別のご配慮をいただいた株式会社創成社社

長塚田尚寛氏，ならびに同社出版部西田徹氏に深甚の謝意を申し上げたい。両氏の寛大なご配慮および絶大なるご支援がなければ，本書を刊行することはできなかった。重ねてお礼を申し上げる所存である。

2018 年 3 月 23 日

相川奈美

目　次

はしがき

第 1 章　工業簿記の基礎 —————————— 1
　　1．商業簿記と工業簿記 ··································· 1
　　2．原価計算 ··· 1
　　3．会計期間と原価計算期間 ··························· 2
　　4．原価の概念 ··· 2
　　5．原価の分類 ··· 3
　　6．原価計算の目的・種類 ······························· 5

第 2 章　材料費の計算 —————————————— 6
　　1．材　料　費 ··· 6
　　2．材料費の分類 ·· 6
　　3．購入材料の計算と記帳 ······························· 8
　　4．材料費の計算と記帳 ··································11

第 3 章　労務費の計算 —————————————— 21
　　1．労　務　費 ··21
　　2．労務費の分類 ··21
　　3．支払賃金の計算と記帳 ·······························23
　　4．労務費の計算と記帳 ··································24

第 4 章　経費の計算 ——————————————— 33
　　1．経　　　費 ··33
　　2．経費の分類 ··33
　　3．経費の計算 ··34
　　4．経費の記帳 ··36

第 5 章 製造間接費の計算 —— 40
1．製造間接費 —— 40
2．製造間接費の実際配賦 —— 41
3．製造間接費の予定配賦 —— 44
4．固定予算と変動予算 —— 46
5．製造間接費配賦差異の差異分析 —— 46

第 6 章 部門別計算 —— 49
1．部門別計算 —— 49
2．原価部門の設定 —— 49
3．部門費計算の手続 —— 50
4．配賦基準 —— 53
5．製造部門費の配賦 —— 54

第 7 章 個別原価計算 —— 57
1．個別原価計算 —— 57
2．個別原価計算の手続き —— 58
3．仕損と作業屑 —— 62

第 8 章 総合原価計算 —— 65
1．総合原価計算 —— 65
2．単純総合原価計算 —— 65

第 9 章 等級別総合原価計算 —— 81
1．等級別総合原価計算 —— 81
2．等級別原価計算の計算方法 —— 82

第 10 章 組別総合原価計算 —— 85
1．組別総合原価計算 —— 85
2．組別総合原価計算の計算方法 —— 86

第 11 章 工程別総合原価計算 —— 90
1．工程別総合原価計算 —— 90

2．累加法による工程別総合原価計算の計算方法⋯⋯⋯⋯⋯⋯⋯⋯91
　　　3．副産物の処理⋯⋯⋯⋯⋯⋯⋯⋯⋯⋯⋯⋯⋯⋯⋯⋯⋯⋯⋯⋯⋯⋯⋯94

第12章　標準原価計算（Ⅰ） ──────── 98
　　　1．標準原価計算⋯⋯⋯⋯⋯⋯⋯⋯⋯⋯⋯⋯⋯⋯⋯⋯⋯⋯⋯⋯⋯⋯⋯98
　　　2．標準原価計算の手順⋯⋯⋯⋯⋯⋯⋯⋯⋯⋯⋯⋯⋯⋯⋯⋯⋯⋯⋯⋯98
　　　3．原価標準の設定⋯⋯⋯⋯⋯⋯⋯⋯⋯⋯⋯⋯⋯⋯⋯⋯⋯⋯⋯⋯⋯99
　　　4．標準原価の計算⋯⋯⋯⋯⋯⋯⋯⋯⋯⋯⋯⋯⋯⋯⋯⋯⋯⋯⋯⋯102
　　　5．勘定記入の方法⋯⋯⋯⋯⋯⋯⋯⋯⋯⋯⋯⋯⋯⋯⋯⋯⋯⋯⋯⋯104

第13章　標準原価計算（Ⅱ） ──────── 107
　　　1．原価差異の算定と分析⋯⋯⋯⋯⋯⋯⋯⋯⋯⋯⋯⋯⋯⋯⋯⋯⋯107
　　　2．直接材料費差異の算定と分析⋯⋯⋯⋯⋯⋯⋯⋯⋯⋯⋯⋯⋯⋯107
　　　3．直接労務費差異の算定と分析⋯⋯⋯⋯⋯⋯⋯⋯⋯⋯⋯⋯⋯⋯109
　　　4．製造間接費差異の算定と分析⋯⋯⋯⋯⋯⋯⋯⋯⋯⋯⋯⋯⋯⋯111
　　　5．原価差異の会計処理⋯⋯⋯⋯⋯⋯⋯⋯⋯⋯⋯⋯⋯⋯⋯⋯⋯⋯116

第14章　直接原価計算 ──────────── 118
　　　1．直接原価計算⋯⋯⋯⋯⋯⋯⋯⋯⋯⋯⋯⋯⋯⋯⋯⋯⋯⋯⋯⋯⋯118
　　　2．直接原価計算による損益計算⋯⋯⋯⋯⋯⋯⋯⋯⋯⋯⋯⋯⋯⋯120
　　　3．全部原価計算と直接原価計算による営業利益と固定費調整
　　　　⋯⋯⋯⋯⋯⋯⋯⋯⋯⋯⋯⋯⋯⋯⋯⋯⋯⋯⋯⋯⋯⋯⋯⋯⋯⋯⋯125
　　　4．短期利益計画とCVP分析⋯⋯⋯⋯⋯⋯⋯⋯⋯⋯⋯⋯⋯⋯⋯125
　　　5．CVP分析と損益分岐点分析⋯⋯⋯⋯⋯⋯⋯⋯⋯⋯⋯⋯⋯⋯126
　　　6．損益分岐図表⋯⋯⋯⋯⋯⋯⋯⋯⋯⋯⋯⋯⋯⋯⋯⋯⋯⋯⋯⋯⋯127

第15章　本社工場会計 ──────────── 129
　　　1．工業会計の独立⋯⋯⋯⋯⋯⋯⋯⋯⋯⋯⋯⋯⋯⋯⋯⋯⋯⋯⋯⋯129
　　　2．工場会計の独立における取引の記帳⋯⋯⋯⋯⋯⋯⋯⋯⋯⋯⋯129

索　引　133

第1章

工業簿記の基礎

1．商業簿記と工業簿記

　小売業は，仕入れ先から商品を購入（**購買活動**）し，一定の利益を付加して第三者（得意先）に仕入れた商品を販売（**販売活動**）し，営業活動に必要な資金を回収して再び商品を購入するといった活動を繰り返し行っている。商業簿記とは，小売業における「購買活動」と「販売活動」について，財貨の流れを記録・計算・整理するものである。

　これに対し，製造業は，材料を仕入れ先から購入（購買活動）し，工場などの設備および労働力を消費し，材料を加工して製品を製造する（**製造活動**）。完成した製品に一定の利益を付加して第三者（得意先）に販売（販売活動）し，営業活動に必要な資金を回収して再び材料などを購入するといった活動を繰り返し行っている。工業簿記とは，製造業における「購買活動」と「販売活動」の**外部活動**と「製造活動」の**内部活動**について，財貨の流れを記録・計算・整理するものである。

2．原価計算

　製造業では，材料の切断や組み立てなどの加工を施す。このような製造活動を内部活動という。内部活動では，加工の対象となる材料の仕入代金，加工を施す労働者の人件費，加工に必要な工場設備など，さまざまな費用がかかる。製造業では，製造に要したすべての費用を計算しなければならない。このとき

の製品の製造に要した費用を**原価**といい，製品の原価を記録・計算・整理することを**原価計算**という。

3．会計期間と原価計算期間

原価計算を行う期間を**原価計算期間**という。原価計算期間は，期首から期末（決算日）までの会計期間とは異なり，月初から月末までの1カ月である。これは，原価計算によって，原価のムダを発見した場合に，早めに改善できるように原価計算期間は短期に設定されている。ただし，製造業においても小売業と同様に会計期間は1年である。

原価計算期間が1カ月であるため，月末に加工進捗度が100％に達しない，未完成の製品が出る場合がある。このように加工途中の未完成品のことを**仕掛品**といい，月末に仕掛品に要した原価を計算することを**期末（月末）仕掛品評価**という。

4．原価の概念

原価は，一般的に**製造原価**と**総原価**に分類される。製造業が，製品を完成させるために要した材料，労働力，設備等の金額を製造原価という。製造原価を構成する材料，労働力，設備費等を**原価要素**といい，原価要素は**材料費，労務費，経費**に分類される。製品の原価は，製造原価だけでなく製品の販売や企業全体の管理のために要した**販売費及び一般管理費**も含まれる。製造原価に販売費及び一般管理費を加えた原価が総原価となる。

総原価＝製造原価＋販売費＋一般管理費

```
                          ┌──────────┐
                          │ 販売利益  │
                ┌─────────┤          │
                │販売費及び│          │
                │一般管理費│          │
        ┌───────┤          │          │
        │製造間接費│        │          │
┌───────┤         │ 総 原 価 │ 販売価格 │
│直接材料費│       │製 造 原 価│        │ (売価) │
│         │製造直接費│       │          │        │
│直接労務費│       │         │          │        │
│         │       │         │          │        │
│直接経費 │       │         │          │        │
└───────┴───────┴─────────┴──────────┴────────┘
```

　製造原価は，製品の製造に要した費用（製造原価）のみであり，総原価には，製造原価以外に製品の販売（販売費），企業の全般的な管理の費用（一般管理費）が含まれる。これら以外の費用は**非原価項目**となり，原価に含めてはならない。たとえば，支払利息や割引料，火災損失や法人税などは，損益計算書で営業外費用や特別損失に計上されるが，製品の製造や販売，企業全体の管理に関係していないので非原価項目となり，原価計算を行う場合，原価から除外される。

5．原価の分類

　原価要素は，製造原価を構成する材料，労働力，設備等の消費金額で，発生する形態で**材料費・労務費・経費**に分類される。この3つを**原価の3要素**という。材料費は，製品製造のために消費した材料の消費高のことであり，素材費や買入部品費などの費目がある。労務費は，製品の製造のために消費した労働力の消費高のことであり，賃金，給料などの費目がある。経費は，製造に関する費用のうち，材料費と労務費以外の原価要素のことであり，外注加工費，減価償却費，賃借料，保険料，修繕費，電力料，ガス代，水道料などの費目がある。

また原価要素は，特定の製品との関連によって**製造直接費**と**製造間接費**に分類される。製造直接費とは，特定の製品を製造するためだけに消費され，その製品の原価として直接集計することができる原価要素のことで，直接材料費(特定の製品の製造に直接消費した素材，買入部品の消費高など)，直接労務費（特定の製品の製造に直接作業した従業員の賃金など），直接経費（特定の製品の製造に直接消費した外注加工費など）に分類される。

　製造間接費とは，種々の製品を製造するために共通に消費され，特定の製品の原価として直接集計することのできない原価要素のことである。製造間接費も，間接材料費（動力用の燃料費など），間接労務費（工場長の給料など），間接経費（工場の電力料など）に分類される。

　製造間接費は，種々の製品の製造において共通に発生するため，特定の製品に直接集計（賦課）することができない。そこで，一定の基準を設けて製造間接費を各製品に配分する。この手続きを**配賦**という。

　原価要素は，操業度との関連によって**固定費**（固定製造原価），**準固定費**，**変動費**（変動製造原価），**準変動費**に分類される。操業度とは，設備の生産能力の利用度のことで，生産量，直接作業時間，機械運転時間などによって測定される。

　固定費とは，操業度の変動に関わりなく，一原価計算期間の発生額が一定している原価要素のことであり，減価償却費，保険料，支払利息，租税公課，賃借料などの費目がある。準固定費とは，ある範囲の操業度の変動では原価の発生が固定化しているが，その範囲を超えると急増し，再度一定の範囲内で固定化する原価要素のことであり，監督者の給料などが準固定費にあたる。

　変動費とは，操業度の変動にともなって，その発生額も比例的に増減する原価要素のことであり，直接材料費や出来高払賃金などの費目がある。準変動費とは，操業度がゼロの場合でも，一定額の原価が発生し，操業度の増減に比例して変動する原価要素のことであり，電力料などがこれに該当する。

6．原価計算の目的・種類

　製造活動に要した原価の計算には，原価計算を用いる。原価計算には，生産形態の違いなどによってさまざまな計算方法がある。原価計算は，その計算目的や企業の生産形態の違いによって，これらに対応する種々の原価計算がある。

① 　実際原価計算と標準原価計算
② 　全部原価計算と部分原価計算
③ 　総合原価計算と個別原価計算

　原価計算で製品原価を計算する場合，通常3つのステップを経て計算される。第1ステップは，費目別原価計算で，材料費，労務費，経費について各原価要素別に消費高の計算を行う。第2ステップでは，部門別原価計算で，工場における各部門別に各原価要素の消費高を計算する。第3ステップは，製品別原価計算で，費目別原価計算および部門別原価計算を経て集計された各要素の消費高を製品別に集計して，製品1単位あたりの原価を計算する。

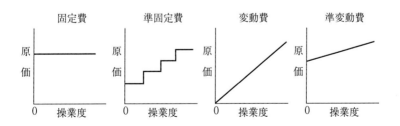

第2章

材料費の計算

1．材料費

　材料費とは，製造原価のうち，物品の消費によって生ずる原価をいう。材料費に関する計算は費目別原価計算である。費目別計算とは，原価計算期間における原価要素を一定の費目に分類し測定する手続を指す。部門別・製品別原価計算の前提となり，原価を費目別に管理する機能を持っている。

2．材料費の分類

　材料費の費目別計算に際しては，発生の形態別に分類した上で，製品との関連により大別する。

（1）材料の種類による分類
　材料費は，材料の種類と使用方法により以下のように分類される。
　① 主要材料費（素材費，原料費）
　　　主要材料費とは，製品を製造するために直接的に消費され，製品の主要な実体を構成する物品の原価である。物理的な変化によりその製品の主要な実体を構成する材料の原価を素材費（例：家具製造業における木材など），化学的な変化によりその製品の主要な実体を構成する物品の原価を原料費（例：パン製造業における小麦粉など）ということが多い。

② 買入部品費

買入部品費とは，外部から購入され，加工を加えずに製品本体の一部として取り付けられる物品の原価である（例：自動車製造業におけるタイヤやカーステレオなど）。

③ 補助材料費

補助材料費とは，製品の製造のために間接的・補助的に消費される物品の原価である（例：接着剤や燃料など）。

④ 工場消耗品費

工場消耗品費とは，工場内において製品を製造するために消費される物品（消耗品）の原価である（例：機械油，電球，釘など）。

⑤ 消耗工具器具備品費

消耗工具器具備品費とは，耐用年数が1年未満，または金額が一定額未満の工具・器具・備品の原価である（例：スパナ，ペンチなど）。

（2）製品との関連における分類

材料費は，特定の製品別にその発生が認識されるか否かにより，**直接材料費**と**間接材料費**に分類される。主要材料費および買入部品費は，製品別の物品消費量を把握・計算することが容易であるため，通常，直接材料費に分類される。

一方，補助材料費，工場消耗品費，消耗工具器具備品費は製品別に消費量を把握することが困難であり，それらの消費高も共通的にしか計算できないため，間接材料費に分類される。ただし，素材や原料の消費であっても製品の主要な実体を構成しない場合は間接材料費となる。

図表2－1　材料費の分類

材料費	直接材料費	主要材料費（素材費，原料費），買入部品費など
	間接材料費	補助材料費，工場消耗品費，消耗工具器具備品費など

直接材料費は各製品に**直課**（賦課ともいう）され，間接材料費は合理的な基準にもとづいて各製品に**配賦**される。

3．購入材料の計算と記帳

(1) 材料の取得原価

材料を購入した際には，次の計算式によって，その取得原価を算定する。

材料の取得原価(購入原価) ＝ 購入代価 ＋ 材料副費(付随費用)

材料の取得原価（購入原価）は，理論的には，材料の購入から出庫にいたるまでに要する，材料に関連するすべての原価で，購入代価（材料主費）と**材料副費（付随費用）**に大別できる。材料副費とは，材料を購入してから出庫するまでの間に発生したすべての付随費用である。材料副費には外部材料副費と内部材料副費がある。外部材料副費は企業が材料を引き取るまでに企業外部で発生した付随費用で，内部材料副費は材料を引き取ってから出庫までの間に企業内部で発生した付随費用である。

なお，材料副費のうち内部材料副費の一部または全部を取得原価に含めないことが可能である。取得原価に算入されない内部材料副費は，材料費に配賦するか，間接経費などとして処理される。

図表2－2 材料副費の分類

材料副費 (付随費用)	外部材料副費 (引取費用)	材料買入に要した，買入手数料，引取運賃，荷役費，保険料，関税など
	内部材料副費	買入ののち出庫までに要した，購入事務費，検収費，整理費，選別費，手入費，保管費など

したがって，材料購入時の仕訳は以下のようになる。

　　　(借) 材　　　料　　×××　　　(貸) 買掛金など　　×××
　　　　　　　　　　　　取得原価

例題2－1 次の取引について仕訳を示しなさい。
　　A工業（株）は，材料100kg（@￥100）を掛けで購入した。なお，運送会社に対する引取運賃￥1,000は現金で支払った。

※問題集p.18，問題1 (1) へ

●**解答**● （借）材　　　料　11,000　（貸）買　掛　金　10,000
　　　　　　　　　　　　　　　　　　　　現　　　金　 1,000

（2）材料副費の予定配賦

　取得原価の算定に際しては，材料副費は実際発生額によることが原則であるが，原価計算の迅速化を目的として，予定配賦によることも認められている。予定配賦額は予定配賦率によって計算する。

　　予定配賦額＝購入代価(材料主費)×予定配賦率

$$\text{予定配賦率} = \frac{\text{材料副費予定発生総額}}{\text{材料購入代価予定総額}}$$

　月末において，実際発生額と予定配賦額の間に差異が生じた場合には，材料副費差異として把握した上で，決算時に売上原価に賦課するなどして処理される。

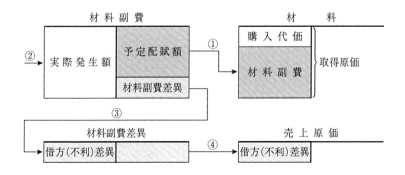

材料副費の予定配賦を行った際の一連の仕訳は以下のようになる。

① 予定配賦時

　　（借）材　　　　料　×××　　（貸）材 料 副 費　×××
　　　　　　　　　　　　　　　　　　　　　　　　　　予定配賦額

② 実際発生額集計時

　　（借）材 料 副 費　×××　　（貸）現　金　な　ど　×××
　　　　　　　　　　　実際発生額

③ 材料副費差異の計上
　・実際発生額＞予定配賦額（借方差異）の場合

　　（借）材料副費差異　×××　　（貸）材 料 副 費　×××

　・実際発生額＜予定配賦額（貸方差異）の場合

　　（借）材 料 副 費　×××　　（貸）材料副費差異　×××

④ 売上原価への賦課
　・実際発生額＞予定配賦額（借方差異）の場合

　　（借）売 上 原 価　×××　　（貸）材料副費差異　×××

　・実際発生額＜予定配賦額（貸方差異）の場合

　　（借）材料副費差異　×××　　（貸）売 上 原 価　×××

例題2－2　次の取引について仕訳を示しなさい。なお，当社では材料の購入に際して材料副費を予定配賦している。予定配賦額は，年間材料購入代価予定総額￥200,000と年間材料副費予定発生額￥15,000により計算する。
① 材料100kg（@￥100）を掛けで購入した。
② 当月の材料副費実際発生額￥1,000を現金で支払った。
③ 材料費の予定配賦額と実際発生額の差額を材料副費差異勘定へと振り替えた。
④ 当月の材料副費差異を売上原価勘定に振り替えた。

※問題集 p.18, 問題2 へ

●解答●
① (借) 材　　　　料　　10,750　　(貸) 材 料 副 費　　　750
　　　　　　　　　　　　　　　　　　　　買　掛　金　　10,000
② (借) 材 料 副 費　　　1,000　　(貸) 現　　　　金　　1,000
③ (借) 材料副費差異　　　250　　(貸) 材 料 副 費　　　250
④ (借) 売 上 原 価　　　 250　　(貸) 材料副費差異　　 250

4．材料費の計算と記帳

(1) 材料費の計算（材料の消費）と記帳

　材料については，その購入と消費を記録・管理するためにさまざまな証ひょうおよび帳簿が用いられる。証ひょうには，材料購入請求書，材料注文書，材料受入報告書，送り状，出庫票などがあり，帳簿には，材料仕入帳，材料元帳，材料出庫仕訳帳などがある。特に，材料元帳は，材料の受払記録を行う重要な記録簿であり，補助元帳である。材料元帳には，材料の種類別に受入高，払出高，残高に関して，数量・単価・金額が記入される。

図表2－3　材料元帳(先入先出法)

平成○年		摘要	受入			払出			残高		
			数量	単価	金額	数量	単価	金額	数量	単価	金額
7	1	前月繰越	100	100	10,000				100	100	10,000
	13	受入	200	105	21,000				⎧100	100	10,000
									⎩200	105	21,000
	16	払出				⎧100	100	10,000	100	105	10,500
						⎩100	105	10,500			
	22	受入	200	107	21,400				⎧100	105	10,500
									⎩200	107	21,400
	28	払出				⎧100	105	10,500	150	107	16,050
						⎩ 50	107	5,350			
	31	次月繰越				150	107	16,050			
			500		52,400	500		52,400			
8	1	前月繰越	150	107	16,050				150	107	16,050

　主要材料など材料元帳に受払の記録を行う材料については，次の計算式により材料費を算定する。

**　　材料費＝消費数量×消費単価**

　したがって，材料費を計算するためには材料の消費数量と消費単価の計算が必要となる。また，工場消耗品など受払の記録を行わない材料については，原価計算期間における買入額を材料費とする。

　材料費のうち，直接材料費はその消費時に材料勘定から仕掛品勘定に，間接材料費はその消費時に材料勘定等から製造間接費勘定に振り替える。**材料勘定**は資産勘定であるため，受入額は借方に，消費額は貸方に記入され，残高は次期繰越として次期に繰り越される。

第2章 材料費の計算 ◎── 13

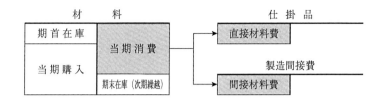

消費材料計算時の仕訳は以下のとおりである。

(借) 仕 掛 品 　×××　　　(貸) 材 　料　 ×××
　　　　　　　　直接材料費
　　　製 造 間 接 費　×××
　　　　　　　　間接材料費

なお，**材料費勘定**や**消費材料勘定**をもうけ，そこから仕掛品勘定あるいは製造間接費勘定に振り替える方法もある。その場合の仕訳は以下のとおりである。

(借) 材 　料 　費 　×××　　　(貸) 材 　料　 ×××
(借) 仕 　掛 　品 　×××　　　(貸) 材 　料 　費 ×××
　　　　　　　　直接材料費
　　　製 造 間 接 費　×××
　　　　　　　　間接材料費

(2) 消費数量の計算

材料の消費数量の計算方法には，継続記録法や棚卸計算法などがあり，原則として継続記録法により計算する。

① 継続記録法

継続記録法は，品目ごとに材料元帳をもうけ，受入や払出のたびにその数量を記録する方法である。継続記録法では，帳簿に記録された払出数量が実際消費数量となる。

継続記録法による場合，受払のつど材料元帳に記入するため手間がかか

る。しかし，帳簿上の在庫量（帳簿棚卸数量）があきらかであるため，期末に棚卸を行い実際の在庫量（実地棚卸数量）と比較することで，保管中に生じた**棚卸減耗**の発生を把握することができる。したがって，重要な材料の管理には継続記録法が適している。正常な範囲内の**棚卸減耗損**は経費（間接経費）として処理し（第4章参照），異常な棚卸減耗損は非原価項目として，製造原価には算入しない。棚卸減耗損は以下の式によって算定される。

棚卸減耗損＝（帳簿棚卸数量－実地棚卸数量）×消費単価

② 棚卸計算法

棚卸計算法は，払出の数量記録を行わず，月末など定期的に実地棚卸を行うことにより在庫量（実地棚卸数量）を把握し，これによって払出数量を推計する方法である。棚卸計算法の実際消費数量は以下の式によって算定される。

実際消費数量＝（期首在庫量＋当期購入数量）－期末在庫量

棚卸計算法による場合，記帳の手間は省けるが，保管中に発生した棚卸減耗が把握できず消費数量に含まれてしまうため，継続記録法が困難な材料や重要性が乏しい材料の記録に用いられる。

材　料（棚卸計算法）

期首在庫量	当期消費数量 ＝ (期首在庫量＋当期購入数量) －期末在庫量
当期購入数量	
	期末実地棚卸数量

例題2－3 継続記録法を採用しているＡ材料について，当月の月間購入数量は100kg（＠￥100），月間払出数量は80kgであった。また，月末の実地棚卸数量は15kgであった。なお，Ａ材料の月初在庫は存在しない。
当月のＡ材料の実際消費高および棚卸減耗損を計算しなさい。

※問題集p.18，問題1 (4) へ

●**解答**● 実際消費高：80kg×＠￥100 ＝ ￥8,000
　　　　棚卸減耗損：(20kg － 15kg)×＠￥100 ＝ ￥500

（3）実際消費単価の計算

　材料費を計算する際の消費単価は，材料の実際購入原価にもとづいて決定される。ただし，同じ材料であっても仕入時期や仕入先によって購入単価が異なることがあるため，実際に消費した材料の消費単価は，先入先出法や平均法（総平均法，移動平均法）などにより計算する。

　① 先入先出法

　　先入先出法は，単価の異なる材料に関して，先に購入した材料から順次払い出されるものと仮定して，消費単価を決定する方法である。

　② 総平均法

　　総平均法は，単価の異なる材料に関して，一定期間に購入した材料の購入原価の合計額をその期間の購入数量の合計で除し，期間を通じた平均単

価を計算して消費単価とする方法である。

$$消費単価 = \frac{期首有高＋当期材料仕入総額}{期首在庫数量＋当期材料仕入数量}$$

③ 移動平均法

移動平均法は，単価の異なる材料に関して，材料を購入するつど，購入原価とその時点での在庫高の合計を対応する数量で除し，その時点での平均単価を計算して，これを消費単価とする方法である。

$$消費単価 = \frac{直前の残高＋受入高}{直前の在庫数量＋受入数量}$$

例題2－4 次の資料にもとづいて，A材料の当月消費額を①先入先出法，②総平均法により計算しなさい。

（資料）月 初 在 庫： 40kg（@¥200）
　　　　当 月 購 入：160kg（@¥250）
　　　　材料払出数量：140kg

※問題集 p.18, 問題1 へ

●**解答**● ① @¥200 × 40kg ＋ @¥250 × 100kg ＝ ¥33,000
　　　　② @¥240 × 140kg ＝ ¥33,600

●**解説**● ①

材　料（先入先出法）

月　初　在　庫 40 kg @¥200	→ ¥8,000	当月消費額 ¥33,000
当　月　購　入 160 kg @¥250	→ ¥25,000 (100 kg @¥250)	
	→ 月　末　在　庫 60 kg（¥15,000）	

②

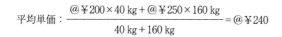

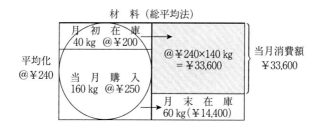

（4）予定価格法（予定消費単価による方法）

材料の消費単価は実際価格によるのが原則であるが，これには以下の欠点がある。

- 仕入先や季節によって材料の購入単価が変動する場合，同じ材料を使用し，同じ製品を製造したにもかかわらずその製造原価が異なってしまい，材料消費能率の良否の判断ができない。
- 計算が煩雑となるうえ，期末まで材料消費額が確定しない。

上記の欠点を回避するために，**予定価格**（予定消費単価）を設定し，これを消費単価として消費高を計算する方法も認められている。この方法を予定価格法といい，予定価格法を用いることによって，計算手続を簡略・迅速化でき，さらには，材料消費能率の良否のみを反映させることができる。

予定価格は，通常，会計年度の期首に決定される。実際消費額と予定消費額の間に差異が生じた場合には，材料消費価格差異として把握した上で，決算時に売上原価に賦課するなどして調整・処理される。一連の計算および仕訳は以下のとおりである。

① 予定消費額の計算

予定消費額＝予定価格（予定消費単価）×実際消費数量

(借) 仕　掛　品　×××　　　(貸) 材　　　料　×××
　　 製 造 間 接 費　×××　　　　　　　　　　　　予定消費額

② 実際消費額の計算（本章 4.(1)～(3)参照）
・仕訳なし

③ 材料消費価格差異の計上

材料消費価格差異＝予定消費額－実際消費額
**　　　　　　　＝（予定価格－実際価格）×実際消費数量**

・実際消費額＞予定消費額（借方差異）の場合

(借) 材料消費価格差異　×××　　　(貸) 材　　　料　×××

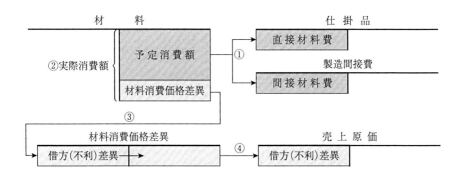

・実際消費額＜予定消費額（貸方差異）の場合

(借) 材　　　料　×××　　　(貸) 材料消費価格差異　×××

第 2 章　材料費の計算　◎—— 19

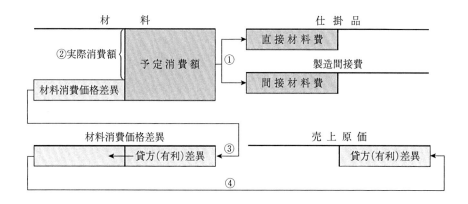

④　売上原価への賦課

・実際消費額＞予定消費額（借方差異）の場合

（借）売　上　原　価　×××　　（貸）材料消費価格差異　×××

・実際消費額＜予定消費額（貸方差異）の場合

（借）材料消費価格差異　×××　　（貸）売　上　原　価　×××

なお，材料費勘定等をもうけ，そこから仕掛品勘定あるいは製造間接費勘定に振り替える方法もある。その場合の仕訳は以下のとおりである。

①　予定消費額の計算

（借）仕　掛　品　×××　　（貸）材　料　費　×××
　　　製　造　間　接　費　×××　　　　　　　　　　　予定消費額

②　実際消費額の計算

（借）材　料　費　×××　　（貸）材　料　×××
　　　　　　　　　　実際消費額　　　　　　　　　　　実際消費額

③ 材料消費価格差異の計上
　・実際消費額＞予定消費額（借方差異）の場合

　　（借）材料消費価格差異　×××　　　（貸）材　　料　　費　×××

　・実際消費額＜予定消費額（貸方差異）の場合

　　（借）材　　料　　費　×××　　　（貸）材料消費価格差異　×××

④ 売上原価への賦課
　・材料勘定のみを使用する方法と同様，材料消費価格差異の残高を売上原価勘定に賦課する。

例題 2 － 5 次の一連の取引について勘定に記入しなさい。なお，当工場では，材料の計算について予定価格法を用いており，記帳に際しては，材料勘定から仕掛品勘定等へ直接振り替えている。

① A 材料を 200kg（@￥105）を掛けで購入した。
② A 材料を 100kg（直接材料分 70kg，間接材料分 30kg）消費した。予定価格は @￥100 である。
③ 予定消費額と実際消費額の差額を材料消費価格差異勘定へと振り替えた。
④ 材料消費価格差異勘定の残高を売上原価勘定へと振り替えた。

※問題集 p.18, 問題 4 へ

●解答●

第3章 労務費の計算

1．労務費

労務費とは，製造原価のうち，製造活動に従事する労働者の労働力の消費によって生ずる原価をいう。労務費に関する計算は費目別計算である。

労働力の消費は，材料の消費のような物的な消費とは異なる。多くの場合，労務費の支払いは，労働者が労働力を消費した後に後払いの形式でなされるなどの特徴があり，独自の計算システムを持つ。

2．労務費の分類

(1) 発生形態による分類

① 賃　金

賃金とは，製造活動に従事する工員の労働力の消費に対して支払われる給与のことをいい，基本給のほかに加給金が含まれる。加給金とは，作業に直接関係のある手当のことで，残業手当，夜間勤務手当などがある。

賃金の支払い対象である工員には，製品の製造加工作業に直接従事する直接工と，加工作業以外の作業（間接作業）に従事する間接工が存在する。

② 給　料

給料は，工場長などの管理職や工場事務員などの，製造に直接的に従事しない従業員の労働力に対して支払われる給与のことをいう。

③ 雑　　給

　　雑給とは，臨時工やパートタイマーなどの労働力に対して支払われる給与のことをいう。

④ 従業員賞与手当

　　従業員賞与手当とは，工員や職員に対して支払われる賞与や手当のことをいう。手当とは，作業に直接関係のない金額のことで，住宅手当，家族手当などがある。

⑤ 退職給付費用

　　退職給付費用とは，企業の退職給付規程に従って支給される，工員および職員の退職金の将来支給に備えて毎期計上する費用（引当金繰入額）のことをいう。

⑥ 法定福利費

　　法定福利費とは，健康保険料，厚生年金保険料などの社会保険料のうち，企業負担額のことをいう。

（2）製品との関連における分類

　労務費も材料費と同様，特定の製品別に，その発生が認識されるか否かにより，**直接労務費**と**間接労務費**に分類される。

　直接工が直接作業に従事した時間（直接作業時間）に対して支払われる賃金は直接労務費に分類され，これ以外の労務費はすべて間接労務費に分類される。

　なお，直接労務費は各製品に直課（賦課）され，間接労務費は一定の基準にもとづいて各製品に配賦される。

図表3－1　労務費の分類

			直接作業時間分	直接作業賃金	直接労務費
労務費	賃金	直接工賃金	間接作業時間分	間接作業賃金	間接労務費
			手待時間分	手待賃金	
		間接工賃金		間接工賃金	
	給料				
	雑給				
	従業員賞与手当				
	退職給付費用				
	法定福利費				

3．支払賃金の計算と記帳

　製造活動に従事する工具の労働力に対して支払われる賃金は，企業の支払形態に応じて，時間制と出来高制に分類できる。支払賃金は次の計算式により算定する。

**　　支払賃金＝就業時間（または出来高）×支払賃率＋加給金**

　実際の支払高（正味支払高）は，支払総額から本人負担の税金や社会保険料を控除した残額である。控除額は預り金として処理される。給料等についても同様である。賃金や給料を支払ったときには，**賃金勘定**や**給料勘定**で処理し，その仕訳は以下のようになる。

　　　　（借）賃　金　な　ど　　×××　　（貸）当座預金など　　×××
　　　　　　　　　　　　　　　　　　　　　　　預　り　金　　　×××

4．労務費の計算と記帳

(1) 労務費の計算と記帳

　労務費についても，その支払と消費を記録・管理するためにさまざまな証ひょうと帳簿が用いられる。証ひょうとしては，工員出勤票，作業時間報告書，出来高報告書，賃金支払帳などが用いられる。帳簿としては，一般仕訳帳や総勘定元帳，さらには賃金仕訳帳などが用いられる。
　直接工の消費賃金については次の計算式により算定し，これが労務費となる。

**　　直接工の消費賃金＝消費賃率×実際作業時間**

　一方，間接工の消費賃金や事務員の給料，従業員賞与手当，退職給付費用，法定福利費などについては，原価計算期間における要支払額が労務費となる。
　ただし，原価計算期間と賃金，給料の計算期間にずれがある場合には，未払いや前払いについての調整が必要となる。

〈賃金等の未払いが生じている場合〉

**　原価計算期間における要支払額（当月賃金消費額）**
**　　＝当月支払賃金－前月未払賃金＋当月未払賃金**

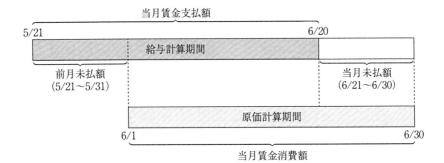

未払賃金について**未払賃金勘定**で繰り越す場合（間接法）には，次の一連の仕訳が必要となる。

・再振替仕訳（月初）

　（借）未 払 賃 金　×××　　（貸）賃 金 な ど　×××

・未払いの見越し（月末）

　（借）賃 金 な ど　×××　　（貸）未 払 賃 金　×××

なお，未払賃金勘定を用いないで，賃金勘定のみで処理する場合（直接法）は，賃金勘定の繰越記入として，前月未払額には前月繰越，当月未払額には次月繰越を記入する。

〈賃金等の前払いが生じている場合〉

原価計算期間における要支払額
＝当月支払賃金＋前月前払賃金－当月前払賃金

前払賃金について前払賃金勘定で繰り越す場合には，次の仕訳が必要となる。

・再振替仕訳（月初）

　（借）賃 金 な ど　×××　　（貸）前 払 賃 金　×××

・前払いの繰延べ（月末）

　（借）前 払 賃 金　×××　　（貸）賃 金 な ど　×××

消費賃金を計算する際，労務費のうち，直接労務費は賃金勘定から仕掛品勘定に，間接労務費は賃金勘定等から製造間接費勘定に振り替える。

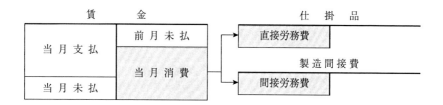

消費賃金計算時の仕訳は以下のとおりである。

(借) 仕 掛 品　×××　　(貸) 賃　　金　×××
　　　　　　　直接労務費
　　　製造間接費　×××
　　　　　　　間接労務費

なお，**労務費勘定**や**消費賃金勘定**等をもうけ，そこから仕掛品勘定あるいは製造間接費勘定に振り替える方法もある。

消費賃金計算時の仕訳（労務費勘定等をもうける方法）は以下のとおりである。

(借) 労　務　費　×××　　(貸) 賃　　金　×××
(借) 仕 掛 品　×××　　(貸) 労　務　費　×××
　　　　　　　直接労務費
　　　製造間接費　×××
　　　　　　　間接労務費

> **例題3−1** 次の直接工の賃金に関する一連の取引について仕訳をしなさい。なお，消費賃金については，賃金勘定から直接仕掛品勘定等に振り替えている。また，賃金の未払高については，未払賃金勘定で処理している。
> ① 前月の未払高￥20,000について再振替仕訳を行った。
> ② 当月の支払賃金額は￥110,000であり，源泉所得税および社会保険料の本人負担分の合計￥20,000を差し引いた残額を現金で支払った。
> ③ 当月の直接作業時間は70時間，間接作業時間は30時間であった。また，実際消費賃率は￥1,000／時間であった。
> ④ 当月における賃金未払高は￥10,000であった。
>
> ※問題集 p.26，問題2へ

● **解答** ●
① （借）未 払 賃 金　20,000　（貸）賃　　　金　20,000
② （借）賃　　　金　110,000　（貸）預　り　金　20,000
　　　　　　　　　　　　　　　　　　現　　　金　90,000
③ （借）仕　掛　品　70,000　（貸）賃　　　金　100,000
　　　　製造間接費　30,000
④ （借）賃　　　金　10,000　（貸）未 払 賃 金　10,000

● **解説** ● 本問の仕訳を賃金勘定および未払賃金勘定に転記すると以下のようになる。

賃　　金	
②諸　口　110,000	①未払賃金　20,000
④未払賃金　10,000	③諸　口　100,000

未 払 賃 金	
①賃　金　20,000	前月繰越　20,000
	④賃　金　10,000

（2）作業時間の計算

　直接工の勤務時間は図表3−2のように構成されている。このうち，直接労務費は直接作業時間より計算され，間接労務費は間接作業時間と手待時間より計算される。手待時間とは，正常な理由により作業現場にいながら作業ができない遊休時間のことで，この時間については，異常な場合は除き，間接労務費

図表3-2 直接工の勤務時間の内訳

勤務時間	就業時間	実働時間	直接作業時間	段取時間
				加工時間
			間接作業時間	
		手待時間		
	定時休憩時間			
	職場離脱時間			

として処理される。一方，異常な手待時間は非原価項目として処理される。

（3）実際消費賃率の計算

実際消費賃率は次のように計算される。

$$実際消費賃率 = \frac{一定期間の直接工の賃金}{対応する期間の直接工の就業時間}$$

消費賃率の計算に際して，個々の工具ごとに算定したものを個別賃率，複数の工具をまとめて算定したものを平均賃率といい，平均賃率には職種別に算定した職種別平均賃率や工場全体で算定した総平均賃率などがある。

例題3-2 下記の資料にもとづいて，総平均賃率，職種別平均賃率，個別賃率を計算しなさい。

（資料）直接工の賃金および作業データ

	A直接工	B直接工	C直接工
職　種	切削工	組立工	
当月賃金	¥100,000	¥120,000	¥140,000
就業時間	100時間	100時間	100時間

※問題集 p.28，問題3 へ

●解答●

総平均賃率：$= \dfrac{¥100{,}000 + ¥120{,}000 + ¥140{,}000}{100\text{時間} + 100\text{時間} + 100\text{時間}} = @¥1{,}200$

職種別平均賃率

切削工：$= \dfrac{¥100{,}000}{100\text{時間}} = @¥1{,}000$

組立工：$= \dfrac{¥120{,}000 + ¥140{,}000}{100\text{時間} + 100\text{時間}} = @¥1{,}300$

個別賃率

A直接工：@¥1,000（切削工の平均賃率＝A直接工の賃率）

B直接工：$= \dfrac{¥120{,}000}{100\text{時間}} = @¥1{,}200$

C直接工：$= \dfrac{¥140{,}000}{100\text{時間}} = @¥1{,}400$

（4）予定消費賃率による方法

　消費賃率は実際消費賃率によるのが原則であるが，この場合，期末まで賃金消費高が確定されず，製品原価が確定できないという欠点がある。この欠点を回避するために，**予定消費賃率**を設定し，これを消費賃率として消費高を計算する方法も認められている。予定消費賃率を設定することで，計算手続を簡略・迅速化でき，さらには，製品原価の変動を排除することが可能となる。

　直接工の予定消費賃率は，通常，会計年度の期首に決定される。予定消費賃率についても，これを算定する範囲により，個別賃率，職種別平均賃率，総平均賃率などがある。実際消費賃率と予定消費賃率にもとづく労務費の間に差異が生じた場合には，賃率差異として把握した上で，決算時に売上原価に賦課するなどして処理される。

① 予定消費賃金の計算

予定消費賃金＝予定消費賃率×実際作業時間

(借) 仕 掛 品　×××　　(貸) 賃　　　金　××× ＜予定消費賃金＞
　　　製造間接費　×××

② 実際消費賃金の計算（本章4.(1)～(3)参照）
・仕訳なし

③ 賃率差異の計上

賃率差異＝予定消費賃金－実際消費賃金
**　　　　＝(予定消費賃率－実際消費賃率)×実際作業時間**

・実際消費賃金＞予定消費賃金（借方差異）の場合

(借) 賃 率 差 異　×××　　(貸) 賃　　　金　×××

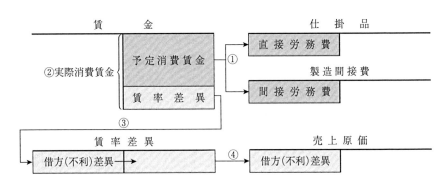

・実際消費賃金＜予定消費賃金（貸方差異）の場合

(借) 賃　　　金　×××　　(貸) 賃率差異　×××

第3章 労務費の計算   31

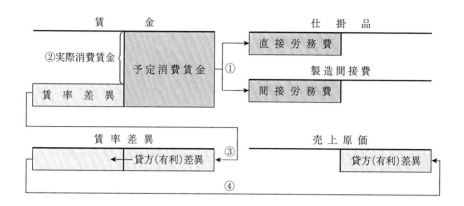

④ 売上原価への賦課

・実際消費賃金＞予定消費賃金（借方差異）の場合

（借）売 上 原 価　×××　　（貸）賃 率 差 異　×××

・実際消費賃金＜予定消費賃金（貸方差異）の場合

（借）賃 率 差 異　×××　　（貸）売 上 原 価　×××

なお，労務費勘定や消費賃金勘定等をもうけ，そこから仕掛品勘定あるいは製造間接費勘定に振り替える方法もある。

① 予定消費賃金の計算

　　（借）仕 掛 品　×××　　（貸）労　務　費　×××
　　　　　製造間接費　×××　　　　　　　　　　予定消費賃金

② 実際消費賃金の計算

　　（借）労　務　費　×××　　（貸）賃　　　金　×××
　　　　　　　　　　　実際消費賃金　　　　　　　　実際消費賃金

③ 賃率差異の計上

・実際消費賃金＞予定消費賃金（借方差異）の場合

(借) 賃 率 差 異　×××　　(貸) 労 務 費　×××

・実際消費賃金＜予定消費賃金（貸方差異）の場合

(借) 労 務 費　×××　　(貸) 賃 率 差 異　×××

④ 売上原価への賦課

・賃金勘定のみを使用する方法と同様，賃率差異の残高を売上原価勘定に賦課する。

例題3－3　次の直接工の賃金に関する一連の取引について仕訳を示しなさい。なお，賃金の消費については賃金勘定で，賃金の未払高については未払賃金勘定で処理している。

① 当月の直接作業時間は150時間，間接作業時間は50時間であった。また，当工場では予定賃率￥1,000／時間により消費賃金を計算している。

② 当月の実際消費賃金は￥210,000であった。予定消費賃金と実際消費賃金の差額を賃率差異勘定に振り替えた。

③ 賃率差異勘定の残高を売上原価勘定に振り替えた。

※問題集p.28，問題4 へ

●**解答**●　① (借) 仕 掛 品　150,000　　(貸) 賃　　金　200,000
　　　　　　　　　製造間接費　 50,000
　　　　　② (借) 賃 率 差 異　 10,000　　(貸) 賃　　金　 10,000
　　　　　③ (借) 売 上 原 価　 10,000　　(貸) 賃 率 差 異　 10,000

●**解説**●　③　＠￥1,000×(150時間＋50時間)－￥210,000＝△￥10,000（不利差異）

第4章 経費の計算

1. 経　　費

　経費とは，材料費，労務費以外の原価要素のことをいう。材料費や労務費と同様に，経費に関する計算は費目別計算である。

2. 経費の分類

　経費の費目別計算に際しては，経費の発生の形態別に分類した上で，製品との関連により**直接経費**と**間接経費**とに大別し，たとえば図表4－1のように分類する。

　ただし，図表4－1に記載されている費目であっても，製造活動と無関係な場合は販売費及び一般管理費として処理される。たとえば，製品製造とは無関係な本社建物の減価償却費などは，販売費及び一般管理費として処理される。

　製造経費は多様な性格を持った項目が含まれているが，その多くは間接経費である。直接経費は各製品に直課（賦課）され，間接経費は合理的な基準にもとづいて各製品に配賦される。

図表4－1　経費の分類

経　費	直接経費	外注加工賃，特許権使用料など
	間接経費	減価償却費，賃借料，保険料，電力料，ガス代，水道料，通信費，福利厚生費，租税公課，棚卸減耗損，雑費など

また，消費の目的が同一である材料費や労務費を合わせて経費とすることがある。これを複合経費といい，修繕費などがこれにあたる。

3．経費の計算

　経費には，さまざまな種類のものがあるが，その発生形態によって以下の4つに区分される。
① 　支払経費

　　支払経費は，**外注加工賃**や通信費などの，支払伝票や支払請求書にもとづいた実際の支払額をもってその消費額とする経費である。原価計算期間と経費の支払期間にずれがある場合には，未払いや前払いについての調整が必要となる。

　　ただし，外注加工賃は外注先に材料を無償支給した場合にのみ発生し，有償支給した場合には発生しない。外注先に無償支給する場合，外注先での加工も自社の一連の製造過程の一部と考える。したがって，材料の出庫時に，材料の消費に関する仕訳（第2章4.参照）を行う。

　当月消費額
　　＝当月支払額＋前月前払額－前月未払額－当月前払額＋当月未払額

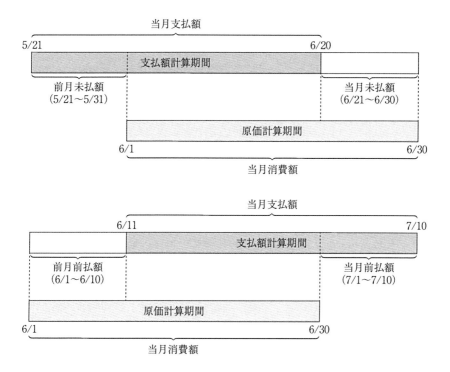

② 月割経費

月割経費は，**減価償却費**や保険料，固定資産税などの，一年あるいは半年といった，原価計算期間よりも長期の一定期間にわたり一定額が発生するような経費であり，月割計算をすることにより消費額を算定するような経費である。

当月消費額＝年間支払額÷12カ月

③ 測定経費

測定経費は，電力料，ガス代，水道料などの消費量をメーター等で内部的に確認できる経費である。測定経費は，実際の支払額ではなく，社内に設置されたメーターなどで測定し，それに料率を乗じることにより原価計

算期間における消費額を計算する。

当月消費額＝料率×当月分のメーター測定量

④ 発生経費

発生経費は，材料の**棚卸減耗損**や仕損費などの原価計算期間における実際発生額を計算し，これをそのまま消費額とする経費をいう。

例題4－1 経費に関する次の資料にもとづいて，各設問における経費の当月消費額を算定しなさい。

① 外注加工費：前月未払額￥4,000　当月支払額￥16,000
　　　　　　　当月未払額￥2,000
② 減価償却費：年間予定総額￥240,000
③ 電　力　料：前月末検針300kwh　当月末検針450kwh　単価￥20/kwh
④ 棚卸減耗損：材料の当月末帳簿棚卸高は￥5,000であったが，実地棚卸高は
　　　　　　　￥4,500であった。材料の棚卸減耗は正常の範囲内である。

※問題集p.32へ

●解答● ① ￥16,000 － ￥4,000 ＋ ￥2,000 ＝ ￥14,000
　　　　② ￥240,000 ÷ 12カ月 ＝ ￥20,000
　　　　③ ￥20 ×（450kwh － 300kwh）＝ ￥3,000
　　　　④ ￥5,000 － ￥4,500 ＝ ￥500

4．経費の記帳

経費のうち，直接経費は仕掛品勘定に，間接経費は製造間接費勘定に振り替えるが，経費に関する勘定をもうけるか否かにより，いくつかの記帳方法がある。

（1）経費勘定をもうける方法

この方法は，すべての経費をいったん経費勘定に振り替え，ここから仕掛品勘定，製造間接費勘定に振り替える方法である。この方法は，統制勘定としての経費勘定を用いる方法とも呼ばれ，経費勘定の内訳明細（経費元帳）が別に作成される。

外注加工賃，減価償却費を例に仕訳を示すと以下のようになる。

（借）経　　　　費	×××	（貸）当座預金など	×××
		減価償却累計額	×××
（借）仕　掛　品	×××	（貸）経　　　　費	×××
製造間接費	×××		

（2）経費に関する費目別の勘定をもうける方法

この方法は，経費をそれぞれの費目ごとに集計し，ここから仕掛品勘定，製造間接費勘定に振り替える方法である。

外注加工賃,減価償却費を例に仕訳を示すと以下のようになる。

(借)外 注 加 工 賃　×××　　(貸)当 座 預 金 な ど　×××
　　　減 価 償 却 費　×××　　　　 減価償却累計額　×××
(借)仕　　掛　　品　×××　　(貸)外 注 加 工 賃　×××
　　　製 造 間 接 費　×××　　　　 減 価 償 却 費　×××

(3) 経費に関する勘定をもうけない方法

　この方法は,経費に関する勘定をもうけず,仕掛品勘定,製造間接費勘定に直接振り替える方法である。この方法は,統制勘定としての製造間接費勘定を用いる方法とも呼ばれ,製造間接費の内訳明細（製造間接費元帳）が別に作成される。

外注加工賃,減価償却費を例に仕訳を示すと以下のようになる。

(借)仕　　掛　　品　×××　　(貸)当 座 預 金 な ど　×××
　　　製 造 間 接 費　×××　　　　 減価償却累計額　×××

例題4−2　次の取引について，経費勘定をもうける方法，経費に関する費目別の勘定をもうける方法，経費に関する勘定をもうけない方法について，それぞれ一連の仕訳を行いなさい。
① 外注先から加工品を受け取り，その代金¥10,000について，小切手を振り出して支払った。
② 当月の製造用機械の減価償却費を計上した。製造用機械の減価償却費の年間発生見積額は¥360,000である。

※問題集 p.32 へ

● 解答 ●

経費勘定をもうける方法
① （借）経　　　　　費　　10,000　　（貸）当　座　預　金　　10,000
　　（借）仕　　掛　　品　　10,000　　（貸）経　　　　　費　　10,000
② （借）経　　　　　費　　30,000　　（貸）減価償却累計額　　30,000
　　（借）製　造　間　接　費　30,000　　（貸）経　　　　　費　　30,000

経費に関する費目別の勘定をもうける方法
① （借）外　注　加　工　賃　10,000　　（貸）当　座　預　金　　10,000
　　（借）仕　　掛　　品　　10,000　　（貸）外　注　加　工　賃　10,000
② （借）減　価　償　却　費　30,000　　（貸）減価償却累計額　　30,000
　　（借）製　造　間　接　費　30,000　　（貸）減　価　償　却　費　30,000

経費に関する勘定をもうけない方法
① （借）仕　　掛　　品　　10,000　　（貸）当　座　預　金　　10,000
② （借）製　造　間　接　費　30,000　　（貸）減価償却累計額　　30,000

第5章 製造間接費の計算

1．製造間接費

　製品を生産し，それに伴って発生した材料費・労務費・経費のうち，どの製品にいくらかかったかを直接把握できるものを**製造直接費**といい，それ以外の製造原価を**製造間接費**という。製造直接費は，製品ごとにそのまま集計（賦課）できるが，製造間接費は，複数の製品の製造に共通的に発生しているため，どの製品にいくらかかったかが把握できない。製造間接費は，間接材料費・間接労務費・間接経費に分類され，製造直接費と異なり各製品に賦課することができないため，いったん製造間接費の発生額を製造間接費勘定に集計し，一定の手続きを経て各製品へ配賦する。

　賦課……直接費を製品に割り振ること。
　配賦……間接費を製品に割り振ること。

　各製品に配賦される際は，以下の仕訳がなされる。

　　　（借）仕　掛　品　　×××　　　（貸）製造間接費　　×××

（1）製造間接費の配賦基準

　製造間接費は，適切な配賦基準（操業度）を用いて各製造指図書に配賦される。

価額法	①	直接材料費法(直接材料費基準)
	②	直接労務費法(直接労務費基準)
	③	素価法(素価基準)
時間法	①	直接作業時間法(直接作業時間基準)
	②	機械作業時間法(機械作業時間基準)
数量法	①	生産量法(生産量基準)

2．製造間接費の実際配賦

　製造間接費の実際配賦とは，原価計算期間における製造間接費の実際発生額を実際操業度にもとづいて配賦することをいう。製造間接費の実際配賦額は，以下の計算式により算定する。

$$実際配賦額＝各製造指図書の配賦基準値 \times 実際配賦率$$

$$実際配賦率＝\frac{一原価計算期間の製造間接費実際発生額}{一原価計算期間の配賦基準値}$$

＜価額法の場合＞
　原価計算表に集計されている直接費の金額を配賦基準とする。
　① 直接材料費法

$$各製品への配賦額＝各製造指図書の直接材料費 \times 配賦率$$

$$配賦率＝\frac{一原価計算期間の製造間接費}{一原価計算期間の直接材料費総額}$$

② 直接労務費法

各製品への配賦額＝各製造指図書の直接労務費×配賦率

配賦率＝ 一原価計算期間の製造間接費 / 一原価計算期間の直接労務費総額

③ 素価法

各製品への配賦額＝各製造指図書の製造直接費×配賦率

配賦率＝ 一原価計算期間の製造間接費 / 一原価計算期間の製造直接費総額

例題5－1 以下の資料にもとづき，①直接材料費法，②直接労務費法，③素価法による製造間接費の配賦額を計算しなさい。

＜資料＞

指図書NO. 原価要素	#101	#102	#103
直接材料費	¥40,000	¥60,000	¥20,000
直接労務費	¥80,000	¥100,000	¥60,000
直 接 経 費	¥20,000	¥12,000	¥8,000
製造間接費	¥90,000		

※問題集 p.36, 問題1 へ

●解答●

① 直接材料費法
　　#101　¥30,000　　#102　¥45,000　　#103　¥15,000
② 直接労務費法
　　#101　¥30,000　　#102　¥37,500　　#103　¥22,500
③ 素価法
　　#101　¥31,500　　#102　¥38,700　　#103　¥19,800

●解説●

① 直接材料費法

〈配賦率の計算〉 $0.75 = \dfrac{¥90,000}{¥40,000+¥60,000+¥20,000}$

#101　¥40,000 × 0.75 ＝ ¥30,000 ⎫
#102　¥60,000 × 0.75 ＝ ¥45,000 ⎬ 合計 ¥90,000
#103　¥20,000 × 0.75 ＝ ¥15,000 ⎭

② 直接労務費法

〈配賦率の計算〉 $0.375 = \dfrac{¥90,000}{¥80,000+¥100,000+¥60,000}$

#101　¥80,000 × 0.375 ＝ ¥30,000 ⎫
#102　¥100,000 × 0.375 ＝ ¥37,500 ⎬ 合計 ¥90,000
#103　¥60,000 × 0.375 ＝ ¥22,500 ⎭

③ 素価法

〈配賦率の計算〉 $0.225 = \dfrac{¥90,000}{¥140,000+¥172,000+¥88,000}$

#101　¥140,000 × 0.225 ＝ ¥31,500 ⎫
#102　¥172,000 × 0.225 ＝ ¥38,700 ⎬ 合計 ¥90,000
#103　¥88,000 × 0.225 ＝ ¥19,800 ⎭

＜時間法の場合＞

製造活動に要した時間を配賦基準とする。

① 直接作業時間法

各製品への配賦額＝各製造指図書の直接作業時間 × 配賦率

$$配賦率 = \dfrac{一原価計算期間の製造間接費}{一原価計算期間の総直接作業時間}$$

② 機械作業時間法

各製品への配賦額＝各製造指図書の機械作業時間 × 配賦率

$$配賦率 = \frac{一原価計算期間の製造間接費}{一原価計算期間の総機械作業時間}$$

＜数量法の場合＞

製品生産量を配賦基準とする。重量，容積，面積，長さなどから配賦基準を選ぶ。

① 生産量法

各製品への配賦額＝各製造指図書の生産量 × 配賦率

$$配賦率 = \frac{一原価計算期間の製造間接費}{一原価計算期間の総生産量}$$

製造間接費の実際配賦には，①製品の原価計算の遅延（製品の製造原価が月中では把握できない），②製品単位原価の変動（実際操業度の多寡により製品の単位原価が変動してしまう）などの欠点がある。

3．製造間接費の予定配賦

製造間接費の予定配賦とは，製造間接費の実際配賦の欠点を克服するため，原価計算期間における製造間接費の予定発生額を予定操業度にもとづき配賦することをいう。製造間接費の予定配賦額は，以下の計算式により算定する。

予定配賦額＝各製造指図書の実際操業度 × 予定配賦率

$$予定配賦率 = \frac{一定期間の製造間接費予定発生額}{一定期間の予定操業度}$$

（1）予定操業度の選択

分母の予定操業度は，実際的生産能力・平均操業度・期待実際操業度があり，選択された予定操業度において発生する製造間接費予算額を決定する。

（2）予定配賦額

予定配賦により，会計期間の期首の時点で予定配賦率を定めておけば，各製造指図書の実際操業度が判明した時点で，予定配賦額を計算できる。また，予定配賦によれば，毎月の実際操業度が変化しても予定配賦率は一定のため，同じ製品に配賦される製造間接費は一定となる。このため，予定配賦は，実際配賦の①製品原価の計算の遅延，②製品単位原価の変動という欠点を克服できる。

例題5－2 以下の資料にもとづき，各設問に答えなさい。なお，製造間接費の配賦基準は，直接作業時間である。

＜資料＞ 当工場の月間の実際的生産能力　　300時間
　　　　当工場の月間の期待実際操業度　　240時間
　　　　当工場の月間の製造間接費予算

直接作業時間	240時間	300時間
製造間接費予算	¥50,400	¥54,000

当月の実際作業時間　　228時間

① 実際的生産能力を選択する場合について，予定配賦率と予定配賦額を答えなさい。
② 期待実際操業度を選択する場合について，予定配賦率と予定配賦額を答えなさい。

※問題集 p.36，問題2 へ

●解答●

	予定配賦率	予定配賦額
①	¥（ 180 ）／時間	¥（ 41,040 ）
②	¥（ 210 ）／時間	¥（ 47,880 ）

●解説●

① 実際的生産能力を基準とする場合の予定配賦

$$予定配賦率 = \frac{¥54,000}{300\ 時間} = ¥180 ／時間$$

予定配賦額 ＝ ¥180/h × 228h ＝ ¥41,040

② 期待実際操業度を基準とする場合の予定配賦

$$予定配賦率 = \frac{¥50,400}{240\ 時間} = ¥210 ／時間$$

予定配賦額 ＝ ¥210/h × 228h ＝ ¥47,880

4．固定予算と変動予算

製造間接費予算には，操業度にかかわらず一定な**固定予算**と，操業度に応じて変化する**変動予算**がある。固定予算は，次期に予想される操業度水準につき計画された製造間接費の発生目標額であり，変動予算は，操業度水準の変化に応じ，発生すべき製造間接費の予算許容額を自動的に算出できる計算資料をさす。

5．製造間接費配賦差異の差異分析

製造間接費の予定配賦額と実際発生額の差額を，**製造間接費配賦差異**という。製造間接費配賦差異は，予算差異と操業度差異の2つの差異に分解し，原

因分析を行う。製造間接費配賦差異は，以下の計算式により算定する。

製造間接費配賦差異＝予定配賦額－実際発生額
**　　　　　　　　　＝予算差異＋操業度差異**

$\begin{cases} 予定配賦額＝実際操業度×予定配賦率 \\ 実際発生額＝実際操業度×実際配賦率 \end{cases}$ $\begin{cases} 予算差異＝予算－実際発生額 \\ 操業度差異＝予定配賦額－予算 \end{cases}$

製造間接費配賦差異がマイナスの場合，借方差異（不利差異）が生じ，プラスの場合，貸方差異（有利差異）が生じる。

① 借方差異（予定配賦額－実際配賦額＝マイナス）

　　（借）製造間接費配賦差異　×××　（貸）製　造　間　接　費　×××

② 貸方差異（予定配賦額－実際配賦額＝プラス）

　　（借）製　造　間　接　費　×××　（貸）製造間接費配賦差異　×××

製造間接費配賦差異は次月に繰り越され，製造間接費配賦差異勘定の会計期末の残高が，売上原価に加減される。すなわち，製造間接費配賦差異勘定から売上原価勘定に振り替えられ，売上原価に賦課される。

① 借方差異

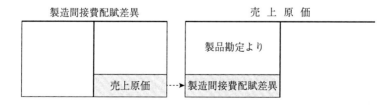

② 貸方差異

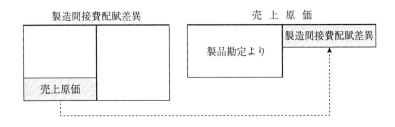

例題5−3 以下の資料にもとづき，各設問に答えなさい。なお，当工場は固定予算を採用している。

<資料>　年間製造間接費予想額　¥600,000
　　　　年間基準操業度　2,400時間（配賦基準は機械運転時間）
　　　　当月実際操業度　196時間
　　　　当月製造間接費実際発生額　¥50,400

① 製造間接費配賦差異を計算し，有利差異か不利差異か答えなさい。
② 予算差異を計算し，有利差異か不利差異か答えなさい。
③ 操業度差異を計算し，有利差異か不利差異か答えなさい。

※問題集 p.38, 問題3 へ

●解答●　① △¥1,400（不利差異）　② △¥400（不利差異）
　　　　③ △¥1,000（不利差異）

●解説●　① ¥600,000 ÷ 2,400時間 = ¥250/時間
　　　　　　¥250/時間 × 196時間 = ¥49,000
　　　　　　製造間接費配賦差異：予定配賦額¥49,000 − 実際発生額¥50,400
　　　　　　= △¥1,400
　　　　② 当月製造間接費予算額　¥600,000 ÷ 12カ月 = ¥50,000
　　　　　　予算差異：固定予算額¥50,000 − 実際発生額¥50,400 = △¥400
　　　　③ 月間基準操業度　2,400時間 ÷ 12カ月 = 200時間
　　　　　　操業度差異：¥250/時間 ×（実際操業度196時間 − 予定操業度200時間）
　　　　　　= △¥1,000

第6章

部門別計算

1．部門別計算

　工場が大規模になると，製品の製造を分業して行うようになる。製品の製造に直接関わる部門を**製造部門**，製造部門をサポートする部門を**補助部門**という。このように複数の部門がある場合，部門ごとに発生した原価を計算することを**部門別計算**という。

2．原価部門の設定

　部門別計算は，**原価部門**を設定して行う。原価部門とは，原価要素をその発生部門ごとに集計するための計算組織上の区分をいう。この原価部門には，製品の加工に直接関わるか否かで，製造部門と補助部門があり，補助部門はさらに補助経営部門と工場管理部門に分けられる。

製造部門 （直接製品の製造作業が行われる部門）	補助部門 （製造部門に対し，補助的関係にある部門）	
	①　補助経営部門	②　工場管理部門
組立部門・機械加工部門など	運搬部門など	工場事務部門など

3. 部門費計算の手続

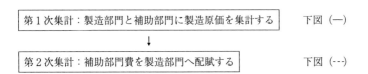

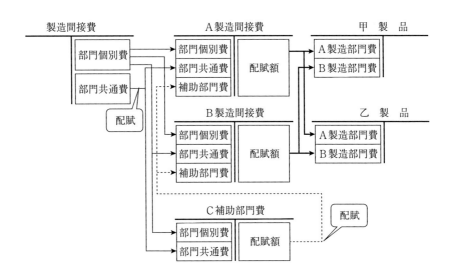

第1次集計では，製造部門と補助部門に集計される部門費を，特定の原価部門で発生したことが直接的に認識できる部門個別費と，直接的に認識できない部門共通費に分類する。部門個別費は各原価部門に賦課され，部門共通費は各原価部門に配賦される。

部門費＝各原価部門の部門個別費＋部門共通費配賦額

$$部門共通費配賦額 = \frac{特定の原価部門の配賦基準量}{全原価部門の配賦基準量総数} \times 部門共通費$$

部門共通費の配賦には，①配賦されるべき部門共通費の発生額と配賦基準の

相互関係があること，②各原価部門に共通の基準であること，③配賦基準量の把握が経済的に可能であること，などを考慮しなければならない。

製造間接費の各部門への配分は，以下の仕訳が行われる。

(借) 組立部門費　×××　　(貸) 製造間接費　×××
　　 動力部門費　×××
　　 修繕部門費　×××

第2次集計 では，第1次集計で補助部門に集計された補助部門費を各製造部門に配賦する。

製造部門費＝各製造部門の部門費＋補助部門費配賦額

$$補助部門費配賦額 = \frac{特定の原価部門の配賦基準量}{全対象原価部門の配賦基準量総数} \times 補助部門費$$

例題6−1　以下の資料にもとづき，部門費集計表を作成しなさい。

　＜資料＞　当月の製造間接費発生額
　① 部門個別費

切削部門	組立部門	動力部門	事務部門	合計
¥23,160	¥12,700	¥6,080	¥9,960	¥51,900

　② 部門共通費
　　　建物減価償却費　¥28,000
　　　福利厚生費　　　¥16,800
　③ 部門共通費の配賦基準

費　目	配賦基準	切削部門	組立部門	動力部門	事務部門	合　計
建物減価償却費	床 面 積	1,600㎡	2,000㎡	1,200㎡	200㎡	5,000㎡
福利厚生費	作業員数	100人	80人	15人	5人	200人

※問題集 p.42, 問題1 へ

● 解答 ●

部 門 費 集 計 表

費 目	配賦基準	合 計	製造部門		補助部門	
			切削部門	組立部門	動力部門	事務部門
部門個別費		51,900	23,160	12,700	6,080	9,960
部門共通費						
建物減価償却費	床面積	28,000	8,960	11,200	6,720	1,120
福利厚生費	従業員数	16,800	8,400	6,720	1,260	420
部門費		96,700	40,520	30,620	14,060	11,500

● 解説 ●

・建物減価償却費

　切削部門　￥28,000 ×(1,600㎡ ÷ 5,000㎡)＝￥8,960

　組立部門　￥28,000 ×(2,000㎡ ÷ 5,000㎡)＝￥11,200

　動力部門　￥28,000 ×(1,200㎡ ÷ 5,000㎡)＝￥6,720

　事務部門　￥28,000 ×(200㎡ ÷ 5,000㎡)＝￥1,120

・福利厚生費

　切削部門　￥16,800 ×(100 人 ÷ 200 人)＝￥8,400

　組立部門　￥16,800 ×(80 人 ÷ 200 人)＝￥6,720

　動力部門　￥16,800 ×(15 人 ÷ 200 人)＝￥1,260

　事務部門　￥16,800 ×(5 人 ÷ 200 人)＝￥420

・仕訳

　（借）切削部門費　40,520　　（貸）製造間接費　96,700
　　　　組立部門費　30,620
　　　　動力部門費　14,060
　　　　事務部門費　11,500

4．配賦基準

（1）直接配賦法
　直接配賦法とは，補助部門間の用役の授受を無視し，製造部門に対する用役提供のみを考慮して製造部門に補助部門費を配賦する方法である。

（2）相互配賦法
　相互配賦法とは，補助部門間の用役の授受を考慮して，補助部門費の製造部門への配賦計算を行う方法である。

例題 6－2 以下の資料にもとづき，部門費集計表を直接配賦法により作成しなさい。

＜資料＞

① 各部門の合計額（第一次集計費）

切削部門	組立部門	動力部門	事務部門	合　計
¥100,300	¥75,750	¥36,000	¥29,700	¥241,750

② 補助部門費の配賦資料

費　目	配賦基準	切削部門	組立部門	動力部門	事務部門	合　計
動力部門費	動力供給量	350kw-h	150kw-h	－	25kw-h	525kw-h
事務部門費	作業員数	50人	50人	5人	5人	110人

※問題集 p.42, 問題2 へ

●解答●

部門費配賦表

費目	合計	製造部門		補助部門	
		切削部門	組立部門	動力部門	事務部門
部門費合計	241,750	100,300	75,750	36,000	29,700
動力部門費	36,000	25,200	10,800		
事務部門費	29,700	14,850	14,850		
製造部門費	241,750	140,350	101,400		

●解説●

・動力部門費
  切削部門　￥36,000 × (350kw-h ÷ 500kw-h) = ￥25,200
  組立部門　￥36,000 × (150kw-h ÷ 500kw-h) = ￥10,800
・事務部門費
  切削部門　￥29,700 × (50人 ÷ 100人) = ￥14,850
  組立部門　￥29,700 × (50人 ÷ 100人) = ￥14,850

・仕訳
  （借）切削部門費　40,050　　（貸）動力部門費　36,000
　　　　組立部門費　25,650　　　　　事務部門費　29,700

5．製造部門費の配賦

(1) 実際配賦

　　実際配賦額＝実際配賦基準量×部門別実際配賦率

$$部門別実際配賦率 = \frac{一原価計算期間の製造部門費実際発生額}{一原価計算期間の実際配賦基準総数}$$

(2) 予定配賦

予定配賦額＝実際配賦基準量 × 部門別予定配賦率

部門別予定配賦率＝ 一定期間の製造部門費実際発生額 / 一定期間の予定配賦基準総数

予定配賦を行う目的は，製造部門費を一括した製造間接費の予定配賦と同じく，計算の迅速化と生産量の変動による配賦額の変動を避けるためである。

例題6－3 以下の資料にもとづき，①実際配賦を行う場合の配賦率および各製造部門への配賦額，②予定配賦を行う場合の配賦率および各製造部門への配賦額を計算しなさい。

＜資料＞

組立部門費実際発生額	¥415,800
実際組立作業時間	700時間
A製造部門	300時間
B製造部門	400時間
組立部門費予算	¥450,000
予定組立作業時間	600時間
A製造部門	250時間
B製造部門	350時間

※問題集 p.44，問題3へ

● 解答 ●

①

実際配賦率	A製造部門への実際配賦額	B製造部門への実際配賦額
¥（594）／時間	¥（ 178,200 ）	¥（ 237,600 ）

②

予算配賦率	A製造部門への予定配賦額	B製造部門への予定配賦額
¥（750）／時間	¥（ 187,500 ）	¥（ 262,500 ）

● 解説 ●

① 実際配賦率 = $\dfrac{¥415,800}{700 \text{時間}}$ = ¥594／時間

A製造部門への実際配賦額 = ¥594／時間 × 300時間 = ¥178,200

B製造部門への実際配賦額 = ¥594／時間 × 400時間 = ¥237,600

② 予定配賦率 = $\dfrac{¥450,000}{600 \text{時間}}$ = ¥750／時間

A製造部門への予定配賦額 = ¥750／時間 × 250時間 = ¥187,500

B製造部門への予定配賦額 = ¥750／時間 × 350時間 = ¥262,500

第7章

個別原価計算

1．個別原価計算

　船舶や飛行機などの建造業，橋梁などの建設業等の個別受注生産を行っている企業は，顧客の注文に応じて生産している。そのため，受注生産による製品は，質，性能，仕様などが注文によって異なる。顧客の注文に応じて製品を製造する個別受注生産の企業では，注文の内容を記載した**製造指図書**を発行し，製造指図書にもとづいた製造を開始する。このように，製造指図書別に製造原価を計算する手続を**個別原価計算**という。

　個別原価計算には，製造間接費の部門別計算を行う部門別個別原価計算とそれを行わない単純個別原価計算がある。

① 単純個別原価計算

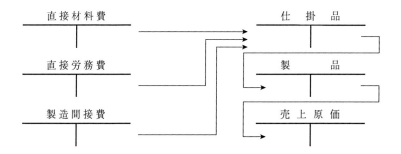

② 部門別個別原価計算

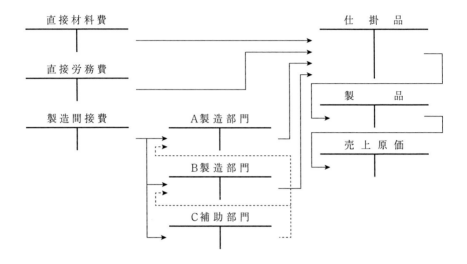

2．個別原価計算の手続き

　個別原価計算では，受注した製品を製造するために製造指図書を発行し，この製造指図書ごとに製品原価を計算する。製造指図書は，企画担当者である生産管理部や製造部等によって作成され，指図書番号，製品名，数量，完成日，作業内容等が記載されている。特に，個別原価計算で用いられる製造指図書を**特定製造指図書**といい，個々の生産について個別的に発行される。ちなみに，大量生産で用いる製造指図書は，継続製造指図書という。

図表7－1　製造指図書

```
┌─────────────────────────────────────────────┐
│              製 造 指 図 書      指図書 No._____ │
│      _____ 殿              発行者 _____  │
│                                 製造着手日 _____ │
│   注文書 No._____          完成要求日 _____ │
│   納入先_____              完成年月日 _____ │
│                                                    │
│  ┌──────────┬──────────┬──────────┐              │
│  │ 品名・規格 │ 製造数量 │  備　考  │              │
│  ├──────────┼──────────┼──────────┤              │
│  │          │          │          │              │
│  │          │          │          │              │
│  │          │          │          │              │
│  └──────────┴──────────┴──────────┘              │
└─────────────────────────────────────────────┘
```

　特定製造指図書を発行した後に，**原価計算表**（原価計算票）の作成に入る。これには**製造直接費**と**製造間接費**を記入する。製造直接費である直接材料費，直接労務費，直接経費は，材料出庫請求書，作業時間報告書，支払伝票などから原価計算表に賦課（直課）する。その際に重要となるのが，指図書番号である。たとえば，材料出庫請求書に指図書番号が記載されていれば，その材料は製造直接費となるが，指図書番号が記載されていない場合には製造間接費として扱われる。

　製造原価のうち，製造間接費は，どの製品にいくらかかったかが明らかでないため，製造指図書ごとに集計ができない。そこで，一定の基準にしたがって製造指図書別に配賦する。しかしながら，実際発生額にもとづいた製造間接費を製品指図書ごとに配賦すると，製造間接費の実際発生額が確定するまで製造間接費を配賦することができない，また，毎月の製造間接費の実際発生額が変動し，月ごとの製造間接費の配賦額が異なってしまうといった問題があるため，製造間接費の配賦は，実際配賦ではなく予定配賦が認められている。

図表7－2　原価計算表

```
                    原 価 計 算 表

指図書 No. _____            製造開始日 _____
製品名 _____              製品完成日 _____

┌─────────────────┬─────────────────┬─────────────────┐
│    直 接 材 料 費    │    直 接 労 務 費    │    製 造 間 接 費    │
├──┬────┬────┼──┬────┬────┼──┬────┬────┤
│日付│出庫表│金 額│日付│時 間│金 額│日付│配賦表│金 額│
├──┼────┼────┼──┼────┼────┼──┼────┼────┤
│  │    │    │  │    │    │  │    │    │
│  │    │    │  │    │    │  │    │    │
│  │    │    │  │    │    │  │    │    │
└──┴────┴────┴──┴────┴────┴──┴────┴────┘
```

例題7－1　工場では個別原価計算を採用している。次の資料にもとづいて，当月の月末仕掛品原価，当月の月末製品原価，売上原価の金額を計算しなさい。

＜資料＞

1. 製造指図書 No.101 は前月から製造しており，前月末までの製造原価は￥200,000 である。No.102 と No.103 は当月から製造を開始した。
2. 直接材料費，直接労務費，直接経費の実際発生額は次の通りである。
    直接材料費　No.101：￥150,000　No.102：￥300,000
    　　　　　　No.103：￥220,000
    直接労務費　No.101：￥70,000　No.102：￥110,000
    　　　　　　No.103：￥100,000
    直 接 経 費　No.101：￥20,000　No.102：￥70,000
    　　　　　　No.103：￥50,000
3. 製造間接費は直接作業時間にもとづく予定配賦率を用いて各製品に配賦している。製造間接費予算（年間）￥5,200,000 であり，予定直接作業時間（年間）は 2,600 時間である。なお，No.101，No.102，No.103 の実際直接作業時間は，それぞれ 38 時間，70 時間，40 時間である。

4．No.101 と No.102 は当月中に完成し，No.101 は顧客に引渡し済みである。No.103 は仕掛中である。

※問題集 p.48，問題 2 へ

● **解答** ●　月末仕掛品原価：￥450,000
　　　　　　月末製品原価：￥620,000
　　　　　　売　上　原　価：￥516,000

● **解説** ●　原価計算表を作成するために，製造間接費の配賦を行う。
　　　　　製造間接費予定配賦率：￥5,200,000 ÷ 2,600 時間 = ￥2,000 ／時間
　　　　　No.101　製造間接費　￥2,000 ／時間 × 38 時間 = ￥76,000
　　　　　No.102　製造間接費　￥2,000 ／時間 × 70 時間 = ￥140,000
　　　　　No.103　製造間接費　￥2,000 ／時間 × 40 時間 = ￥80,000
　　　　　上記の計算と問題文の資料より，原価計算表を作成すると以下のようになる。

当月の原価計算表

単位：円

	No.101	No.102	No.103	合　計
前月繰越	200,000	－	－	200,000
直接材料費	150,000	300,000	220,000	670,000
直接労務費	70,000	110,000	100,000	280,000
直接経費	20,000	70,000	50,000	140,000
製造間接費	76,000	140,000	80,000	296,000
合　計	516,000	620,000	450,000	1,586,000
備　考	完成・引渡済	完成・未引渡	仕掛中	

　顧客に引渡し済みである No.101 は売上原価，完成はしているが引き渡していない No.102 は月末の製品原価，仕掛中の No.103 は月末仕掛品原価となる。以下は原価計算表から作成した仕掛品勘定と製品勘定である。

仕　掛　品			
前月繰越	200,000	製　品	1,136,000
直接材料費	670,000	次月繰越	450,000
直接労務費	280,000		
直接経費	140,000		
製造間接費	296,000		
	1,586,000		1,586,000

製　品			
仕掛品	1,136,000	売上原価	516,000
		次月繰越	620,000
	1,136,000		1,136,000

3．仕損と作業屑

（1）仕　損

　仕損とは，製品の製造過程で加工に失敗し，製品が製造指図書の合格品に満たない不良品が生じることをいう。また，この合格品にならなかったものを仕損品という。仕損品は補修によって合格品となり，その時の補修費や代用品の製造のために要した費用を**仕損費**として処理する。

　① 仕損品が補修によって合格品となる場合

　　この場合，補修のための指図書（補修指図書）が発行されるのが一般的であり，補修指図書に集計された製造原価が仕損費となる。仕訳を示すと次のようになる。

　　　（借）仕　損　費　　×××　　　（貸）材料など　　×××

　② 仕損品が補修しても合格品にならない場合

　　仕損品を補修しても合格品にならない場合は，新たに代品を製造する。そのため，代品製造のための新たな製造指図書を発行する。その際に，旧製造指図書の製品の全部が仕損となった時は，旧製造指図書に集計された

製造原価から，仕損品の見積額を差し引いた金額を仕損費とする。

　（借）仕 損 品　　×××　　（貸）仕 掛 品　　×××
　　　　仕 損 費　　×××

　一方で，旧製造指図書の一部だけが仕損品になった場合には，新製造指図書に集計された製造原価から仕損品の見積額を差し引いた金額を仕損費とする。

　（借）仕 損 品　　×××　　（貸）材料など　　×××
　　　　仕 損 費　　×××

（２）作業屑

　作業屑とは，製品を製造中に残った材料の一部や材料の削り屑で，売却価値や利用価値のあるものを指す。作業屑が発生した場合には，作業屑の評価額を見積もる。

　作業屑の発生が製造指図書ごとに区別できる場合には，作業屑の評価額をその製造指図書の直接材料費あるいは製造原価から控除して作業屑勘定に振り替える。

　（借）作 業 屑　　×××　　（貸）仕 掛 品　　×××

　製造指図書ごとに作業屑の発生が区別できないときは，作業屑が発生した部門の部門費から控除する。なお，作業屑の金額が小額の場合には，売却価値等を評価せず，作業屑を売却した際に雑益として処理する。

例題7－2　次の取引の仕訳を示しなさい。
① 製造指図書No.201が仕損となったので，補修をすることとなり，補修指図書No.201-1を発行した。補修費用は材料費￥15,000，労務費￥7,000である。
② 製造指図書No.202の全製品（製造原価：￥30,000）が仕損品となり，代用品を製造することとなった。なお，仕損品の売却見積額は￥13,000である。
③ 製造指図書No.203で作業屑が生じた。作業屑の評価額は￥3,000であり，製造原価から控除する処理を行った。

※問題集p.50，問題3，問題4へ

●解答●
① （借）仕損費　22,000　　（貸）材　料　15,000
　　　　　　　　　　　　　　　　労務費　 7,000
② （借）仕損品　13,000　　（貸）仕掛品　30,000
　　　　仕損費　17,000
③ （借）作業屑　 3,000　　（貸）仕掛品　 3,000

●解説●
① 補修をすることで合格品になる仕損の場合，補修指図書に集計された製造原価が仕損費となる。
② 製造指図書の全部が仕損品になった場合，旧製造指図書の製造原価から仕損品の見積額を差し引いたものを仕損費とする。
③ 作業屑が発生した製造指図書が明らかな場合，その評価額を製造原価もしくは直接材料費から控除する。

第8章
総合原価計算

1．総合原価計算

　個別原価計算は，顧客からの注文に応じて指定された規格の製品を個別に製造する受注生産の形態に適用される原価計算であったのに対して，総合原価計算は，同じ規格の製品を連続的に大量生産する形態に適用される原価計算である。個別原価計算では製造指図書ごとに原価を集計し，計算していたのに対して，総合原価計算では同じ規格の製品を大量生産することが前提となっているため，一原価計算期間の原価の総額である完成品総合原価をその原価計算期間に製造された生産量で割ることで，完成品単位原価を計算する。
　総合原価計算は，適用する企業の製造工程や製造形態に応じて，単純総合原価計算，組別総合原価計算，等級別総合原価計算，工程別総合原価計算に大きく分けられる。

2．単純総合原価計算

　単純総合原価計算とは，単一の製品を単一工程で大量生産する生産形態に適用される原価計算であり，一原価計算期間の製造にかかった費用を集計し，完成品総合原価を計算し，その原価計算期間に完成した製品数で割ることで製品1単位あたりの原価である完成品単位原価を計算する。
　完成品総合原価は，前期に仕掛品となって当期に引き継いだ期首仕掛品原価に新たに投入した当期製造費用を加算し，期末に仕掛品となった期末仕掛品原

価を差し引くことで計算する。

　　完成品総合原価：期首仕掛品原価＋当期製造費用－期末仕掛品原価
　　完成品単位原価：完成品総合原価÷完成品数量

（１）加工進捗度

　製造原価は，直接材料費（または素材費）と加工費に分けて計算する。直接材料費は，通常，製造工程の始点で完成品となるまでに必要なすべての数量が投入される。一方で加工費は，製品の加工が進むにつれて発生するため，完成品の加工費と期末仕掛品の加工費が異なる。そこで，期末仕掛品の加工費を計算するときの期末仕掛品数量は，期末仕掛品数量に，完成品を100％とした仕掛品の仕上がりの程度である加工進捗度をかけた値を使用する。このような完成品の数量に換算した期末仕掛品の数量を**完成品換算数量**という。

　　完成品換算数量：仕掛品数量×加工進捗度

例題８－１　阿良々木工業では製品Ａを製造しており，単純総合原価計算を採用している。以下のデータにもとづいて，期末仕掛品原価，完成品総合原価，完成品単位原価を計算しなさい。

〈生産データ〉

期首仕掛品	0個	
当期投入量	500個	
合　　計	500個	
期末仕掛品	100個	(50％)
完　成　品	400個	

〈原価データ〉 （単位：円）

	直接材料費	加工費
期首仕掛品	0	0
当期製造費用	3,000	2,700

※（　）内の数値は加工進捗度を示す。また材料はすべて工程の始点で投入する。

●解答●

期末仕掛品原価：¥900
完成品総合原価：¥4,800
完成品単位原価：¥12／個

●解説●

　直接材料費，加工費の当期製造費用を完成品と期末仕掛品に配分する。加工費の期末仕掛品への配分には，加工進捗度を考慮する必要がある。

① 単純総合原価計算では，まず期末仕掛品原価を計算する。期首仕掛品がない場合，完成品と期末仕掛品の数量を足した数で直接材料費，加工費を割り，期末仕掛品の数量をかける。

・期末仕掛品原価の計算

直接材料費
$$\frac{¥3,000}{400 個 + 100 個} \times 100 個 = ¥600$$

加工費
$$\frac{¥2,700}{400 個 + 100 個 \times 50\%} \times 100 個 \times 50\% = ¥300$$

期末仕掛品原価：¥600 ＋ ¥300 ＝ ¥900

② 当期製造費用の合計から期末仕掛品原価を引き，完成品総合原価を計算する。
　完成品総合原価：直接材料費¥3,000 ＋ ¥2,700 － 期末仕掛品原価¥900 ＝ ¥4,800

③ 完成品総合原価を完成品の数量で割る。
　完成品単位原価：完成品総合原価¥4,800 ÷ 完成品数量400個 ＝ ¥12／個

（2）期首仕掛品がある場合

　期首仕掛品が存在する場合，期首仕掛品から製品を完成させるのか，当期投入した分も同時に完成させていくのかによって期末仕掛品原価と完成品総合原価が変化する。そのため，期首仕掛品がある場合には，期首仕掛品原価と当期製造原価の合計を完成品と期末仕掛品に配分しなければならない。期首仕掛品がある場合の期末仕掛品原価と完成品総合原価の評価方法には，平均法，先入先出法がある。

① 平均法

図表 8 − 1 平均法の原価配分イメージ

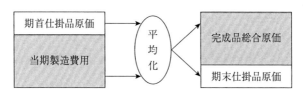

平均法では，期首仕掛品と当期に投入した分を平均的に使用して完成させることを想定する。

平均法は，完成品数量と期末仕掛品数量を加算した数量で，期首仕掛品原価と当期製造費用の合計額を割り，期末仕掛品数量をかけることで期末仕掛品原価を計算する。期首仕掛品原価と当期製造費用の合計から期末仕掛品原価を差し引くことで完成品原価を計算する。

〈直接材料費〉

$$期末仕掛品原価：\frac{期首仕掛品原価＋当期製造費用}{完成品数量＋期末仕掛品数量} \times 期末仕掛品数量$$

完成品原価：当期製造費用＋期首仕掛品原価－期末仕掛品原価

〈加工費〉

$$期末仕掛品原価：\frac{期首仕掛品原価＋当期製造費用}{完成品数量＋期末仕掛品完成品換算数量} \\ \times 期末仕掛品完成品換算数量$$

完成品原価：当期製造費用＋期首仕掛品原価－期末仕掛品原価

完成品総合原価：直接材料費完成品原価＋加工費完成品原価

〈平均単価を用いる方法〉

平均法は完成品数量と期末仕掛品数量を加算した数量で，期首仕掛品原価と当期製造費用の合計額を割っている。この計算結果は完成品原価と期末仕掛品原価の平均単価となっている。そのため，この平均単価に期末仕掛品数量をかければ期末仕掛品原価，完成品数量をかければ完成品原価となるので，平均法はこの方法でも計算できる。

〈直接材料費〉

$$\text{平均単価} : \frac{\text{期首仕掛品原価} + \text{当期製造費用}}{\text{完成品数量} + \text{期末仕掛品数量}}$$

直接材料費期末仕掛品原価：直接材料費平均単価×期末仕掛品数量
完成品原価：直接材料費平均単価×完成品数量

〈加工費〉

$$\text{平均単価} : \frac{\text{期首仕掛品原価} + \text{当期製造費用}}{\text{完成品数量} + \text{期末仕掛品完成品換算数量}}$$

加工費期末仕掛品原価：加工費平均単価×期末仕掛品完成品換算数量
完成品原価：加工費平均単価×完成品数量

期末仕掛品原価：直接材料費期末仕掛品原価＋加工費期末仕掛品原価
完成品総合原価：直接材料費完成品原価＋加工費完成品原価

② 先入先出法

先入先出法では，期首仕掛品を先に完成させ，その後に当期に投入した分を完成させていくことを想定している。したがって，当期投入分から期末仕掛品が発生するため，期末仕掛品原価は当期製造費用を，完成品数量から期首仕掛品数量を差し引き，期末仕掛品数量を加算した数量で割り，期末仕掛品数量をかけることで計算する。

図表8－2　先入先出法の原価配分イメージ

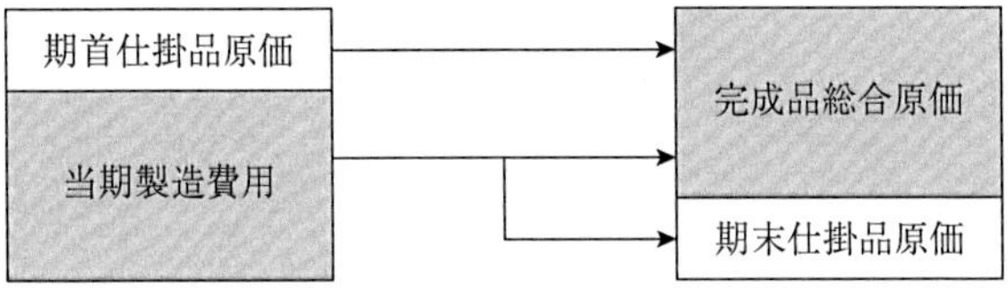

〈直接材料費〉

期末仕掛品原価：$\dfrac{当期製造費用}{完成品数量＋期末仕掛品数量－期首仕掛品数量}$

　　　　　　　　×期末仕掛品数量

〈加工費〉

期末仕掛品原価：

$\dfrac{当期製造費用}{完成品数量－期首仕掛品完成品換算数量＋期末仕掛品完成品換算数量}$

　　　　　　　　×期末仕掛品完成品換算数量

期末仕掛品原価：直接材料費期末仕掛品原価＋加工費期末仕掛品原価
完成品総合原価：当月製造費用－期末仕掛品原価

第8章 総合原価計算 — 71

例題8-2 忍野産業では製品Bを製造しており単純総合原価計算を採用している。以下のデータにもとづいて，平均法，先入先出法によって期末仕掛品原価，完成品総合原価，完成品単位原価を計算しなさい。

〈生産データ〉

期首仕掛品	200個	(80%)
当期投入量	900個	
合　　計	1,100個	
期末仕掛品	100個	(50%)
完　成　品	1,000個	

〈原価データ〉　　　　　　　　　　　（単位：円）

	直接材料費	加工費
期首仕掛品	49,000	62,200
当期製造費用	270,000	462,800

※（　）内の数値は加工進捗度を示す。また材料はすべて工程の始点で投入する。

※問題集 p.56, 問題1, 問題2 へ

●解答●

〈平均法〉

期末仕掛品原価：¥54,000

完成品総合原価：¥790,000

完成品単位原価：¥790／個

① 平均法によって期末仕掛品原価を計算する。

直接材料費

$$\frac{¥49,000+¥270,000}{1,000個+100個} \times 100個 = ¥29,000$$

加工費

$$\frac{¥62,200+¥462,800}{1,000個+100個\times 50\%} \times 100個 \times 50\% = ¥25,000$$

期末仕掛品原価：¥29,000 + ¥25,000 = ¥54,000

② 完成品総合原価を計算する。

直接材料費合計（¥49,000 + ¥270,000）+ 加工費合計（¥62,200 + ¥462,800）− 期末仕掛品原価 ¥54,000 = ¥790,000

③ 完成品単位原価を計算する。

　完成品総合原価¥790,000÷完成品数量1,000個=¥790／個

〈先入先出法〉

　月末仕掛品原価：¥56,000

　完成品総合原価：¥788,000

　完成品単位原価：¥788／個

① 先入先出法によって期末仕掛品原価を計算する。

　直接材料費

$$\frac{¥270,000}{1,000個-200個+100個} \times 100個 = ¥30,000$$

　加工費

$$\frac{¥462,800}{1,000個-200個\times 80\%+100個\times 50\%} \times 100個 \times 50\% = ¥26,000$$

　期末仕掛品原価：¥30,000+¥26,000=¥56,000

② 完成品総合原価を計算する。

　直接材料費合計（¥49,000+¥270,000）+加工費合計（¥62,200+¥462,800）-期末仕掛品原価¥56,000=¥788,000

③ 完成品単位原価を計算する。

　完成品総合原価¥788,000÷完成品数量1,000個=¥788／個

(3) 仕損・減損

　製造過程において何らかの原因で投入された材料が完成品にならない場合がある。**仕損**は原材料の不良，機械の故障，従業員の不注意などによる加工の失敗によって不良品が発生してしまうことである。**減損**は材料の粉散，蒸発，ガス化などによって消失してしまうことである。仕損・減損は正常仕損・正常減損と異常仕損・異常減損に分けられる。正常仕損・正常減損は，どんなに注意していてもまったくなくすことは困難で一定量発生してしまう仕損・減損であり，その分の原価は通常発生するものと考え，良品の完成品原価および期末仕掛品原価の中に含めて処理する。異常仕損・異常減損は通常発生する程度を超える仕損・減損であり，その分の原価は非原価項目として処理する。

　正常仕損・正常減損によって生じた仕損費・減損費の負担計算の方法には度外視法と非度外視法がある。ここでは度外視法について説明する。

　度外視法では，仕損費・減損費を良品に負担させるとき，仕損・減損が工程のどの時点で発生したかによって仕損費・減損費を完成品にのみ負担させるのか，完成品と期末仕掛品の両者に負担させるのかを決める。

　仕損・減損の発生が，工程の終点である場合または，期末仕掛品の加工進捗度を超えている（仕損・減損の発生＞期末仕掛品加工進捗度）場合は，完成品にのみ負担させる。完成品にのみ負担させる場合，期末仕掛品から仕損・減損を取り除かなければならないため，期末仕掛品原価を求める式は以下のようになる。

〈期末仕掛品に仕損・減損を含めない平均法〉

直接材料費期末仕掛品原価＝

$$\frac{期首仕掛品原価＋当期製造費用}{完成品数量＋期末仕掛品数量＋仕損量・減損量} × 期末仕掛品数量$$

加工費期末仕掛品原価＝

$$\frac{期首仕掛品原価＋当期製造費用}{完成品数量＋期末仕掛品換算数量＋仕損量・減損量換算数量} × 期末仕掛品換算数量$$

〈期末仕掛品に仕損・減損を含めない先入先出法〉

直接材料費期末仕掛品原価＝
$$\frac{当期製造費用}{完成品数量－期首仕掛品数量＋期末仕掛品数量＋仕損量・減損量} × 期末仕掛品数量$$

加工費期末仕掛品原価＝
$$\frac{当期製造費用}{完成品数量－期首仕掛品換算数量＋期末仕掛品換算数量＋仕損量・減損量換算数量} × 期末仕掛品数量$$

　反対に，仕損・減損の発生が，期末仕掛品の加工進捗度を超えていなければ（仕損・減損の発生≦期末仕掛品加工進捗度），完成品と期末仕掛品の両者に負担させる。この場合，仕損・減損はなかったものと考え，無視して計算する。また，仕損・減損の発生が定点的でなく作業に逐次的に発生する場合，工程の途中で発生とされている場合も仕損・減損はなかったものと考え，無視して計算する。

図表 8 − 3　仕損・減損の負担の判定

〈期末仕掛品の加工進捗度が50％，仕損・減損の発生点が40％の場合〉

仕損・減損が期末仕掛品よりも前に発生しており，期末仕掛品，完成品の両方に影響がある
➡完成品，期末仕掛品両者負担

〈期末仕掛品の加工進捗度が50％，仕損・減損の発生点が60％の場合〉

仕損・減損が期末仕掛品よりも後に発生しており，完成品のみ影響がある➡完成品のみ負担

第8章 総合原価計算 ◎—— 75

> **例題8－3** 戦場ヶ原技研では，製品Cを製造しており単純総合原価計算を採用している。以下のデータにもとづいて，平均法によって期末仕掛品原価，完成品総合原価，完成品単位原価を計算しなさい。なお，減損は度外視法によって処理する。
>
> 〈生産データ〉
>
> | 期首仕掛品 | 200kg | (80%) |
> |---|---|---|
> | 当期投入量 | 1,100kg | |
> | 合　計 | 1,300kg | |
> | 減　損 | 100kg | (50%) |
> | 期末仕掛品 | 200kg | (25%) |
> | 完成品 | 1,000kg | |
>
> 〈原価データ〉 (単位：円)
>
> | | 直接材料費 | 加工費 |
> |---|---|---|
> | 期首仕掛品 | 71,500 | 38,500 |
> | 当期製造費用 | 214,500 | 115,500 |
>
> ※（　）内の数値は加工進捗度を示す。また材料はすべて工程の始点で投入する。
>
> ※問題集 p.58，問題3へ

●解答●

期末仕掛品原価：￥51,000
完成品総合原価：￥389,000
完成品単位原価：￥389／個

　減損を度外視法で処理する。減損の発生点は期末仕掛品を超えているので，減損費は完成品にのみ負担させる。そのため，期末仕掛品原価に減損費を含まない式で計算する。
① 平均法によって減損費を含まない期末仕掛品原価を計算する。

　直接材料費

$$\frac{¥71{,}500 + ¥214{,}500}{1{,}000 \text{ kg} + 200 \text{ kg} + 100 \text{ kg}} \times 200 \text{ kg} = ¥44{,}000$$

　加工費

$$\frac{¥38{,}500 + ¥115{,}500}{1{,}000 \text{ kg} + 200 \text{ kg} \times 25\% + 100 \text{ kg} \times 50\%} \times 200 \text{ kg} \times 25\% = ¥7{,}000$$

　期末仕掛品原価：￥44,000＋￥7,000＝￥51,000

② 完成品総合原価を計算する。
直接材料費合計（¥71,500＋¥214,500）＋加工費合計（¥38,500＋¥115,500）－期末仕掛品原価¥51,000＝¥389,000
③ 完成品単位原価を計算する。
完成品総合原価¥389,000÷完成品数量1,000kg＝¥389／個

〈仕損品に評価額がある場合〉

仕損によって生じた仕損品は製品として販売できないが，材料として売却が可能な場合がある。仕損品の売却額を評価額という。

仕損の評価額が主として材料の価値である場合は，直接材料費や原料費から仕損の評価額を差し引く。仕損の評価額が主として加工による価値である場合は，加工費から差し引く。

例題8－4 羽川製作所では，製品Dを製造しており単純総合原価計算を採用している。以下のデータにもとづいて，先入先出法によって期末仕掛品原価，完成品総合原価，完成品単位原価を計算しなさい。なお，仕損は度外視法によって処理する。

〈生産データ〉

期首仕掛品	200kg	(50%)
当期投入量	3,700kg	
合　計	3,900kg	
仕　損	300kg	
期末仕掛品	400kg	(20%)
完　成　品	3,200kg	

〈原価データ〉 （単位：円）

	直接材料費	加工費
期首仕掛品	15,000	20,000
当期製造費用	405,000	318,000

※（　）内の数値は加工進捗度を示す。また材料はすべて工程の始点で投入する。
※仕損は工程の始点で発生した。
※仕損の評価額は¥34,400であり，これは主として材料の価値によるものであった。

※問題集 p.58，問題3 へ

●解答●

期末仕掛品原価：¥51,600
完成品総合原価：¥672,000
完成品単位原価：¥210／個

　仕損を度外視法で処理する。仕損の発生点は期末仕掛品の加工進捗度を超えていないので，仕損費は完成品と期末仕掛品の両者に負担させる。そのため，仕損を無視して計算する。また，仕損には¥34,400の評価額があり，これは主として材料の価値である。そのため直接材料費から仕損評価額¥34,400を差し引いて計算する。

① 先入先出法によって期末仕掛品原価を計算する（直接材料費から仕損評価額¥34,400を差し引くことに注意する）。

直接材料費

$$\frac{¥405,000 - ¥34,400}{3,200\,\mathrm{kg} - 200\,\mathrm{kg} + 400\,\mathrm{kg}} \times 400\,\mathrm{kg} = ¥43,600$$

加工費

$$\frac{¥318,000}{3,200\,\mathrm{kg} - 200\,\mathrm{kg} \times 50\% + 400\,\mathrm{kg} \times 20\%} \times 400\,\mathrm{kg} \times 20\% = ¥8,000$$

期末仕掛品原価：¥43,600 + ¥8,000 = ¥51,600

② 完成品総合原価を計算する（直接材料費から¥34,400を差し引くことに注意する）。
直接材料費合計（¥15,000 + ¥405,000 − 仕損評価額¥34,400）+
加工費合計（¥20,000 + ¥318,000）− 期末仕掛品¥51,600 = ¥672,000

③ 完成品単位原価を計算する。
完成品総合原価¥672,000 ÷ 完成品数量3,200kg = ¥210／kg

（4）材料の追加投入

　これまで，材料は1種類だけを製造工程の始点ですべて投入していたが，製品によっては別の材料を工程の途中で追加投入することがある。この場合，追加投入した材料費を完成品にのみ配分するのか，期末仕掛品と完成品の両方に配分するのか考慮し，計算する必要がある。

　追加材料の投入時点が，期末仕掛品の加工進捗度を超えていれば（材料投入

時点＞期末仕掛品進捗度），追加投入分の材料費は完成品にのみ配分する。この場合，その材料については期末仕掛品原価の計算を行わない。

追加材料の投入時点が，期末仕掛品の加工進捗度を超えていなければ（材料投入時点≦期末仕掛品進捗度），追加投入分の材料費は完成品と期末仕掛品の両方に配分する。この場合，その材料については期末仕掛品原価の計算を行う。

また，工程を通じて平均的に投入する材料の場合，完成品と期末仕掛品の両方に配分する。その材料については，加工進捗度を加味して期末仕掛品原価を計算する。

図表8－4　追加材料の負担の判定

〈期末仕掛品の加工進捗度が50％，製造工程において材料Aが始点，材料Bが40％，材料Cが70％で投入された場合〉

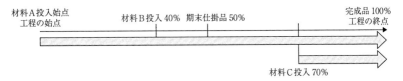

・材料A，材料Bは期末仕掛品よりも前に投入されているので，期末仕掛品に含まれている。そのため，材料Aと材料Bは期末仕掛品原価を計算する必要がある。
・材料Cは期末仕掛品より後に投入されているので，期末仕掛品には含まれていない。そのため材料Cは期末仕掛品原価を計算する必要がない。

〈材料Dが工程を通じて平均的に投入されている場合〉

・材料Dは平均的に投入されているので，期末仕掛品と完成品両方に配分する。期末仕掛品原価の計算において加工進捗度を加味して計算する。

例題8-5 神原工業では，製品Eを製造しており単純総合原価計算を採用している。製品Eの製造にあたって，材料No.1を工程の始点ですべて投入し，材料No.2は工程の進行度80%で，材料No.3は工程を通じて平均的に投入される。以下のデータにもとづいて，平均法によって期末仕掛品原価，完成品総合原価，完成品単位原価を計算しなさい。

〈生産データ〉

期首仕掛品	100個	(90%)
当期投入量	500個	
合　計	600個	
期末仕掛品	100個	(50%)
完成品	500個	

〈原価データ〉　　　　　　　　　　　　　　　　　　　　（単位：円）

	No.1材料費	No.2材料費	No.3材料費	加工費
期首仕掛品	63,750	52,000	41,250	57,200
当期製造費用	446,250	309,000	288,750	228,800
合　計	510,000	361,000	330,000	286,000

※（ ）内の数値は加工進捗度を示す。

●**解答**●

期末仕掛品原価：¥141,000

完成品総合原価：¥1,346,000

完成品単位原価：¥2,692／個

　工程の進行に応じて複数の材料が投入されるので，各材料が期末仕掛品に含まれるかどうか判定する。材料No.1は工程の始点で投入されているので，加工進捗度50%の期末仕掛品に含まれる。そのため期末仕掛品原価を計算する。材料No.2は工程の80%で投入されるので，加工進捗度50%の期末仕掛品には含まれない。そのため，期末仕掛品原価は計算しない。材料No.3は工程を通じて平均的に投入されているので，期末仕掛品の加工進捗度を加味して期末仕掛品原価を計算する。

① 平均法によって期末仕掛品原価を計算する。

材料 No.1

$$\frac{¥510,000}{500 個 + 100 個} \times 100 個 = ¥85,000$$

材料 No.3

$$\frac{¥330,000}{500 個 + 100 個 \times 50\%} \times 100 個 \times 50\% = ¥30,000$$

加工費

$$\frac{¥286,000}{500 個 + 100 個 \times 50\%} \times 100 個 \times 50\% = ¥26,000$$

期末仕掛品原価：¥85,000 + ¥30,000 + ¥26,000 = ¥141,000

② 完成品総合原価を計算する。

No.1 材料費合計¥510,000 ＋ No.2 材料費合計¥361,000 ＋ No.3 材料費合計¥330,000 ＋加工費合計¥286,000 －期末仕掛品原価¥141,000＝¥1,346,000

③ 完成品単位原価を計算する。

完成品総合原価¥1,346,000÷完成品数量 500 個＝¥2,692／個

第9章

等級別総合原価計算

1. 等級別総合原価計算

　等級別総合原価計算は，形状，サイズ，重さ，品位などの違いによって，いくつかの等級に区別される製品（これを**等級製品**と呼ぶ）を同一工程で連続的にかつ大量に製造する生産形態に適用される原価計算である。

　等級別総合原価計算では，同一工程で製造されているため，完成品総合原価をまとめて計算したあとで，各等級製品で設定された**等価係数**に各等級製品の完成品数量をかけた**積数**という値を使って，各等級製品に原価を配分する。等価係数とは，等級製品の原価の負担割合を示すもので，重さ，長さ，面積，硬度などの製品の性質によって決定される。

図表9−1　等級別原価計算のイメージ

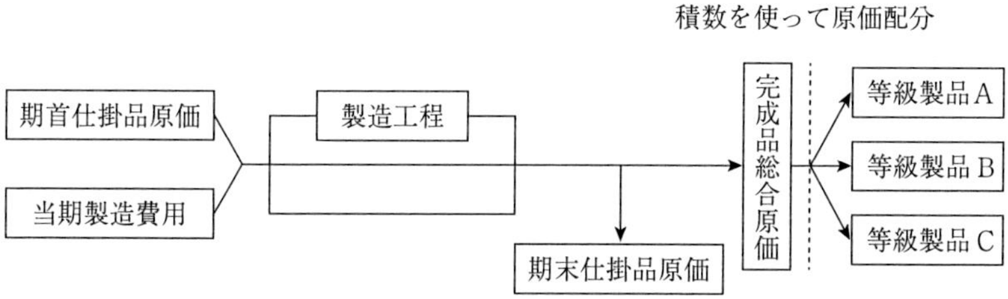

2．等級別原価計算の計算方法

① 単純総合原価計算を行い，完成品総合原価を求める。
② 完成品総合原価を各等級製品に配分するために，各等級製品の等価係数に完成品数量をかけて積数を計算する。
・等級製品 A と B がある場合
  等級製品 A の積数：等級製品 A の等価係数×等級製品 A の完成品数量
  等級製品 B の積数：等級製品 B の等価係数×等級製品 B の完成品数量
③ 各等級製品に積数の比率で完成品総合原価を配分し，それぞれの製造原価とする。
・等級製品 A と B がある場合

等級製品 A の製造原価：

$$完成品総合原価 \times \frac{等級製品 A の積数}{等級製品 A 積数＋等級製品 B 積数}$$

等級製品 B の製造原価：

$$完成品総合原価 \times \frac{等級製品 B の積数}{等級製品 A 積数＋等級製品 B 積数}$$

④ 各等級製品の原価を各等級製品の完成品数量で割り，製品単位原価を計算する。
・等級製品 A と B がある場合
  等級製品 A の単位原価：等級製品 A 完成品総合原価÷等級製品 A 完成品数量
  等級製品 B の単位原価：等級製品 B 完成品総合原価÷等級製品 B 完成品数量

図表9−2 等級別総合原価計算の原価配分

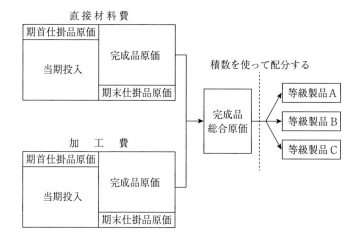

例題9−1 貝木技研では等級製品Aと等級製品Bを生産しており、等級別総合原価計算を採用している。以下の資料にもとづいて、先入先出法によって、期末仕掛品原価と等級製品Aと等級製品Bの単位原価を計算しなさい。

〈資料〉

〈生産データ〉

期首仕掛品	500個	(50%)
当期投入量	3,000個	
合　計	3,500個	
期末仕掛品	750個	(40%)
完成品	2,750個	

※（　）内の数値は加工進捗度を示す。
※材料はすべて工程の始点で投入する。

〈原価データ〉 (単位：円)

	直接材料費	加工費
期首仕掛品	62,500	25,000
当期製造費用	450,000	336,000

〈等価係数〉

等級製品A　1　：等級製品B　0.8

〈完成品内訳〉

等級製品A完成品：1,500個
等級製品B完成品：1,250個

※問題集 p.62, 問題1, 問題2 へ

● 解答 ●

期末仕掛品原価：¥148,500
等級製品A単位原価：¥290／個
等級製品B単位原価：¥232／個

① 先入先出法によって単純総合原価計算を行い，完成品総合原価を計算する。

直接材料費

$$\frac{¥450,000}{2,750 個 - 500 個 + 750 個} \times 750 個 = ¥112,500$$

加工費

$$\frac{¥336,000}{2,750 個 - 500 個 \times 50\% + 750 個 \times 40\%} \times 750 個 \times 40\% = ¥36,000$$

期末仕掛品原価：¥112,500 + ¥36,000 = ¥148,500

完成品総合原価を計算する。
直接材料費合計（¥62,500 + ¥450,000）+ 加工費合計（¥25,000 + ¥336,000）- 期末仕掛品原価¥148,500 = ¥725,000

② 各等級製品の等価係数に完成品数量をかけて積数を計算する。
等級製品A積数：等価係数 1 × 等級製品A完成品数量 1,500 個 = 1,500
等級製品B積数：等価係数 0.8 × 等級製品B完成品数量 1,250 個 = 1,000

③ 各等級製品に積数の比率で完成品総合原価を配分する。

等級製品A完成品原価

$$¥725,000 \times \frac{1,500}{1,500 + 1,000} = ¥435,000$$

等級製品B完成品原価

$$¥725,000 \times \frac{1,000}{1,500 + 1,000} = ¥290,000$$

④ 各等級製品の原価を各等級製品の完成品数量で割り，製品単位原価を計算する。
等級製品A完成品単位原価：等級製品A完成品原価¥435,000 ÷ 等級製品A完成品数量 1,500 個 = ¥290／個
等級製品B完成品単位原価：等級製品B完成品原価¥290,000 ÷ 等級製品B完成品数量 1,250 個 = ¥232／個

第10章

組別総合原価計算

1. 組別総合原価計算

　組別総合原価計算は，異なる2種類以上の製品（これを**組製品**と呼ぶ）を同一工程で，連続的にかつ大量に製造する生産形態に適用される原価計算である。

　組別総合原価計算では，製造費用は**組直接費**と**組間接費**に分類される。組直接費は各組製品との対応関係が特定できる費用であり，製造原価が発生した組製品に直課される。組間接費は製造工程で共通して発生しており，各組製品との対応関係が特定できない費用であるため，一定の配賦基準を使用して各組製品に配賦される。

図表10－1　組別総合原価計算のイメージ

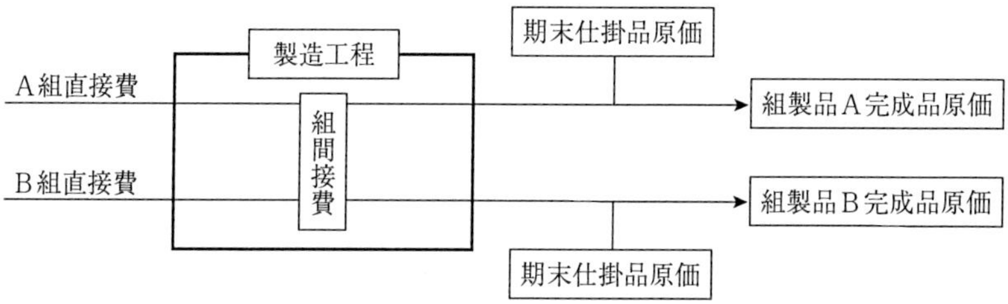

2．組別総合原価計算の計算方法

① 組間接費を一定の配賦基準によって各組に配賦する。

・組製品Aと組製品Bがある場合

$$組製品Aへの組間接費配賦額：\frac{組製品A配賦基準}{組製品A配賦基準＋組製品B配賦基準}$$

$$組製品Bへの組間接費配賦額：\frac{組製品B配賦基準}{組製品A配賦基準＋組製品B配賦基準}$$

② 配賦された組間接費を各組の加工費に組み入れ，各組ごとに総合原価計算を行う。

図表10－2　組別総合原価計算の原価配分

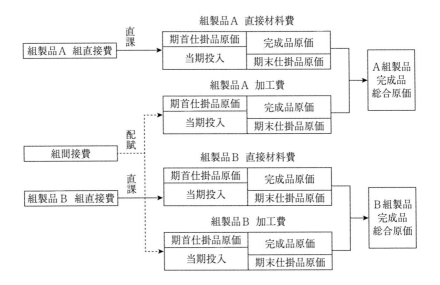

組間接費は共通の工程で発生しているため，加工費として扱う。

例題 10 − 1　千石工業では製品Aと製品Bを製造しており，組別総合原価計算を行っている。以下の資料にもとづいて製品AとBの期末仕掛品原価，完成品総合原価，完成品単位原価を計算しなさい。なお，製品Aは平均法，製品Bは先入先出法で期末仕掛品原価を評価する。

〈資料〉

〈生産データ〉

	製品A		製品B	
期首仕掛品	300個	(75%)	100個	(50%)
当期投入量	2,100個		2,500個	
合　　計	2,400個		2,600個	
期末仕掛品	400個	(40%)	100個	(50%)
合　　計	2,000個		2,500個	

〈原価データ〉

製品A　　　　　　　　　　（単位：円）

	直接材料費	加工費
期首仕掛品	132,000	59,200
当期製造費用	300,000	?

製品B　　　　　　　　　　（単位：円）

	直接材料費	加工費
期首仕掛品	80,000	30,900
当期製造費用	525,000	?

組間接費：¥320,000

組間接費の配賦は直接作業時間を配賦基準にしている。

	製品A	製品B
直接作業時間	5,000時間	3,000時間

※材料はすべて始点で投入されている。

※（　）内の数値は加工進捗度を示している。

※問題集 p.66，問題2，問題3 へ

●解答●

製品 A
期末仕掛品原価：¥91,200
完成品総合原価：¥600,000
完成品単位原価：¥300／個

製品 B
期末仕掛品原価：¥23,400
完成品総合原価：¥732,500
完成品単位原価：¥293／個

① 製品 A と製品 B に共通に発生している組間接費を直接作業時間を基準にして各製品に配賦する。

製品 A への組間接費の配賦額

$$¥320,000 \times \frac{5,000 \text{時間}}{5,000 \text{時間} + 3,000 \text{時間}} = ¥200,000$$

製品 B への組間接費の配賦額

$$¥320,000 \times \frac{3,000 \text{時間}}{5,000 \text{時間} + 3,000 \text{時間}} = ¥120,000$$

この配賦額がそれぞれの製品の加工費の当期製造費用となる。

② 製品 A の計算

・平均法によって期末仕掛品原価を計算する。

直接材料費

$$\frac{¥132,000 + ¥300,000}{2,000 \text{個} + 400 \text{個}} \times 400 \text{個} = ¥72,000$$

加工費

$$\frac{¥59,200 + ¥200,000}{2,000 \text{個} + 400 \text{個} \times 40\%} \times 400 \text{個} \times 40\% = ¥19,200$$

期末仕掛品原価：¥72,000 + ¥19,200 = ¥91,200

・完成品総合原価を計算する。

直接材料費合計（¥132,000 + ¥300,000）+ 加工費合計（¥59,200 + ¥200,000）− 期末仕掛品原価¥91,200 = ¥600,000

・完成品単位原価を計算する。

完成品総合原価¥600,000 ÷ 完成品数量 2,000 個 = ¥300／個

③ 製品Bの計算
・先入先出法によって期末仕掛品原価を計算する。

直接材料費

$$\frac{¥525,000}{2,500 個 - 100 個 + 100 個} \times 100 個 = ¥21,000$$

加工費

$$\frac{¥120,000}{2,500 個 - 100 個 \times 50\% + 100 個 \times 50\%} \times 100 個 \times 50\% = ¥2,400$$

期末仕掛品原価：¥21,000 + ¥2,400 = ¥23,400

・完成品総合原価を計算する。
直接材料費合計（¥80,000 + ¥525,000）+ 加工費合計（¥30,900 + ¥120,000）- 期末仕掛品原価¥23,400 = ¥732,500

・完成品単位原価を計算する。
完成品総合原価¥732,500 ÷ 完成品数量2,500個 = ¥293／個

第11章 工程別総合原価計算

1．工程別総合原価計算

　単純総合原価計算は，単一工程であることを前提としていたが，一般的に製造工程は，複数の工程に分かれていることが多い。工程別総合原価計算は，連続的にかつ大量に製品を製造し，複数の製造工程を持つ生産形態に適用される。

　製造工程が複数ある製品は，第1工程で加工が完了した工程完成品（または工程完了品）を次の第2工程に投入し，さらに加工することになる。このように，ある工程での工程完成品が次工程に投入されて加工されていく。そして，これが工程の数だけ行われ，最後の工程で加工が完了すれば製品の完成となる。

　工程別総合原価計算では，製造原価を計算する方法に累加法と非累加法があるが，ここでは累加法について説明する。

　累加法では，第1工程での工程完成品原価を計算し，第1工程完成品原価が第2工程の**前工程費**として振り替えられる。第2工程では，前工程費と新たに生じた原価を加えて工程完成品原価を計算する。これを工程の数だけ行う。

図表11－1　工程が2つある場合の累加法のイメージ

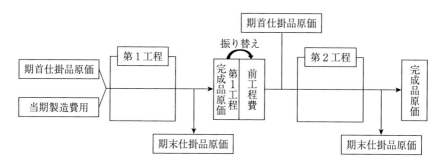

2．累加法による工程別総合原価計算の計算方法

工程が2つある場合の工程別総合原価計算は，以下のとおりである。

① 第1工程の期末仕掛品原価，工程完成品原価を計算する。
② 第1工程の工程完成品原価を第2工程の前工程費として振り替えて，第2工程の総合原価計算を行う。

図表11－2　累加法の原価配分のイメージ

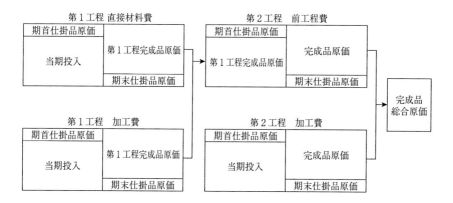

例題11－1 アセロラオリオン工業では2つの工程を経て完成する製品Aを製造しており，工程別総合原価計算を行っている。以下の資料にもとづいて，第1工程の期末仕掛品原価，完了品原価と第2工程の期末仕掛品原価，完成品総合原価，完成品単位原価を計算しなさい。なお，第1工程は先入先出法，第2工程は平均法で期末仕掛品原価を評価する。

〈資料〉

〈生産データ〉

	第1工程		第2工程	
期末仕掛品	400kg	(40%)	300kg	(40%)
当期投入量	1,400kg		1,600kg	
合　計	1,800kg		1,900kg	
期末仕掛品	200kg	(60%)	400kg	(40%)
合　計	1,600kg		1,500kg	

〈原価データ〉

第1工程　　　　　　　　　　　　（単位：円）

	直接材料費	加工費
期首仕掛品	40,800	7,330
当期製造費用	137,200	67,080

第2工程　　　　　　　　　　　　（単位：円）

	前工程費	加工費
期首仕掛品	45,950	23,000
当期製造費用	?	284,100

※（　）内の数値は加工進捗度を示している。
※材料はすべて始点で投入されている。
※第1工程の完成品は第2工程にすべて投入される。

※問題集 p.72，問題1 へ

第11章 工程別総合原価計算

●解答●

第1工程
期末仕掛品原価：¥24,760
完了品原価：¥227,650

第2工程
期末仕掛品原価：¥87,200
完成品総合原価：¥493,500
完成品単位原価：¥329／kg

① 第1工程について，完了品原価を計算する。
  ・先入先出法によって期末仕掛品原価を計算する。

    直接材料費
    $$\frac{¥137{,}200}{1{,}600\,\text{kg} - 400\,\text{kg} + 200\,\text{kg}} \times 200\,\text{kg} = ¥19{,}600$$

    加工費
    $$\frac{¥67{,}080}{1{,}600\,\text{kg} - 400\,\text{kg} \times 40\% + 200\,\text{kg} \times 60\%} \times 200\,\text{kg} \times 60\% = ¥5{,}160$$

    期末仕掛品原価：¥19,600 ＋ ¥5,160 ＝ ¥24,760

  ・完了品原価を計算する。
    直接材料費合計（¥40,800 ＋ ¥137,200）＋加工費合計（¥7,330 ＋ ¥67,080）－
    期末仕掛品原価¥24,760 ＝ ¥227,650

② 第1工程の完了品原価を第2工程の前工程費として振り替えて，第2工程の総合原価計算を行う。
  ・平均法によって期末仕掛品原価を計算する。

    前工程費
    $$\frac{¥45{,}950 + ¥227{,}650}{1{,}500\,\text{kg} + 400\,\text{kg}} \times 400\,\text{kg} = ¥57{,}600$$

    加工費
    $$\frac{¥23{,}000 + ¥284{,}100}{1{,}500\,\text{kg} + 400\,\text{kg} \times 40\%} \times 400\,\text{kg} \times 40\% = ¥29{,}600$$

    期末仕掛品原価：¥57,600 ＋ ¥29,600 ＝ ¥87,200

  ・完成品総合原価を計算する。
    前工程費合計（¥45,950 ＋ ¥227,650）＋加工費合計（¥23,000 ＋ ¥284,100）－
    期末仕掛品原価¥87,200 ＝ ¥493,500

・完成品単位原価を計算する。
　完成品総合原価¥493,500 ÷ 完成品数量 1,500kg ＝ ¥329／kg

3．副産物の処理

　製品の製造過程では，たとえば，酒の製造では酒と酒粕，豆腐の製造では豆腐とおからのように，あまり選択の余地がなく異種の製品ができてしまう場合がある。このような同一の原料を同一工程で加工して必然的に異種の製品ができる場合，生産される生産物のうち経済的価値が相対的に高いものは**主産物**，経済的価値の低いものを**副産物**に区別する。

　副産物が生じた場合，副産物の評価額を見積り，主産物の製造原価から控除しなければならない。副産物自体の原価を計算せずに主産物の完成品原価に含まれる副産物の評価額を差し引くため，期末仕掛品原価の計算は以下のようになる。

〈副産物がある場合の期末仕掛品原価：平均法〉

直接材料費期末仕掛品原価：

$$\frac{期首仕掛品原価＋当期製造費用}{完成品数量＋期末仕掛品数量＋副産物数量} \times 期末仕掛品数量$$

加工費期末仕掛品原価：

$$\frac{期首仕掛品原価＋当期製造費用}{完成品数量＋期末仕掛品換算数量＋副産物数量} \times 期末仕掛品換算数量$$

〈副産物がある場合の期末仕掛品原価：先入先出法〉

直接材料費期末仕掛品原価：

$$\frac{当期製造費用}{完成品数量-期首仕掛品数量+期末仕掛品数量+副産物数量} \times 期末仕掛品数量$$

加工費期末仕掛品原価：

$$\frac{当期製造費用}{完成品数量-期首仕掛品換算数量+期末仕掛品換算数量+副産物数量} \times 期末仕掛品換算数量$$

副産物がある場合の完成品総合原価：完成品総合原価－副産物の評価額

（1）副産物の評価

　副産物は，外部に売却する場合と，工場で原料などとして再利用し自家消費する場合があり，それぞれ評価額の見積もりが異なる。

　外部に売却する場合で，副産物をそのまま売却できる場合は見積売却額から販売費及び一般管理費，または販売費，一般管理費および通常の利益の見積額を控除した額が副産物の評価額となる。また，副産物を加工して売却する場合は，見積売却額から加工費，販売費及び一般管理費または加工費，販売費，一般管理費および通常の利益の見積額を控除した額が副産物の評価額となる。

　副産物をそのまま自家消費する場合，副産物の使用によって節約される物品の見積購入額が評価額となる。また，副産物を加工して自家消費する場合，副産物の使用によって節約される物品の見積もり購入額から加工費の見積もり価額を控除した額が，副産物の評価額となる。

そのまま売却できる場合：見積売却額－販売費・一般管理費－見積利益額
加工して売却する場合　：見積売却額－加工費－販売費・一般管理費－見積利益額
そのまま自家消費する場合：自家消費によって節約可能な物品の見積購入額
加工して自家消費する場合：自家消費によって節約可能な物品の見積購入額－加工費

例題11－2　アンダーブレード工業では製品Bを製造しており，この製品Bは生産工程で副産物βが生じる。以下の資料にもとづいて，先入先出法によって副産物βの評価額と製品Bの期末仕掛品原価，完成品総合原価を計算しなさい。

〈生産データ〉

期末仕掛品	100個	(60%)
当期投入量	1,800個	
合　計	1,900個	
副産物	140個	
期末仕掛品	80個	(40%)
合　計	1,680個	

〈原価データ〉　（単位：円）

	直接材料費	加工費
期首仕掛品	16,000	7,500
当月製造費用	297,000	229,376

※（　）内の数値は加工進捗度を示している。
※材料はすべて始点で投入されている。
※副産物は工程の終点で発生している。
※副産物は加工したうえで販売できる。見積売却額@¥300，追加加工費は@¥30，販売費及一般管理費の見積額は@¥38である。

※問題集p.76，問題3へ

第 11 章　工程別総合原価計算　◎―― 97

● 解答 ●

副産物の評価額：¥32,480

期末仕掛品原価：¥17,296

完成品総合原価：¥500,100

・副産物の評価額を計算する。

　（見積売却額 @¥300 － 追加加工費 @¥30 － 販売費及び一般管理費 @¥38）×
　副産物数量 140 個 ＝ ¥32,480

・先入先出法によって期末仕掛品原価を計算する。

　直接材料費

$$\frac{¥297,000}{1,680 \text{個} - 100 \text{個} + 80 \text{個} + 140 \text{個}} \times 80 \text{個} = ¥13,200$$

　加工費

$$\frac{¥229,376}{1,680 \text{個} - 100 \text{個} \times 60\% + 80 \text{個} \times 40\% + 140 \text{個}} \times 80 \text{個} \times 40\% = ¥4,096$$

　期末仕掛品原価：¥13,200 ＋ ¥4,096 ＝ ¥17,296

・完成品総合原価を計算する。

　直接材料費合計（¥16,000 ＋ ¥297,000）＋ 加工費合計（¥7,500 ＋ ¥229,376）－
　期末仕掛品原価 ¥17,296 － 副産物の評価額 ¥32,480 ＝ ¥500,100

第12章 標準原価計算（Ⅰ）

1．標準原価計算

標準原価計算とは，科学的・統計的データにもとづいた**標準原価**を能率の尺度となるような目標値としてあらかじめ設定しておき，生産終了後に確定した実際原価と比較をすることでムダ（差異）を発見し，そのムダの原因を追及し排除する（差異分析）しくみを持つ**原価管理**のために有効な原価計算である。標準原価計算は，受注生産を行っている企業でも，大量生産を行っている企業でも，どちらの企業においても利用できる計算方法である。

2．標準原価計算の手順

標準原価計算は以下の手順で行われる。
① 原価標準の設定
　　通常，会計年度期首にあらかじめ製品1単位の製造に要すべき原価（原価標準）を予定する。
② 標準原価の計算
　　原価標準と実際生産量にもとづいて，完成品と期末仕掛品の標準原価を計算する。
③ 実際原価の計算
　　直接材料費，直接労務費，製造間接費に関して，実際の製造活動をもとに実際原価を計算する。

④ 原価差異の計算と分析

標準原価と実際原価を比較して，原価差異を計算し，これを把握する。そのうえで，直接材料費，直接労務費，製造間接費に関して，原価差異の原因を分析し，これを明らかにする。その際，借方差異（不利差異），貸方差異（有利差異）を明示する。

⑤ 分析結果の報告

差異分析の結果を各管理者に報告する。各管理者は必要に応じてムダや不能率など，差異の原因に対する改善措置を行い，次期の原価管理のために適切な原価標準を設定する。

3．原価標準の設定

(1) 原価標準の設定

原価標準とは，原価要素ごとに科学的，統計的データにもとづいて設定された，製品1単位あたりの目標原価のことである。標準原価は原価標準に実際生産量を乗じて計算される。なお，原価標準の設定においては，価格，能率，**基準操業度**（一定期間において操業すると想定される操業度）を仮定して設定する。仮定される価格，能率，基準操業度が，理想的な水準において達成可能となる標準原価を理想的標準原価，良好な水準において達成可能となる標準原価を現実的標準原価，正常な水準において達成可能となる標準原価を正常標準原価という。

原価標準＝標準直接材料費＋標準直接労務費＋標準製造間接費
標準原価＝原価標準×実際生産量

① 標準直接材料費

原価標準は，原価要素（直接材料費，直接労務費，製造間接費）ごとに設定される。**標準直接材料費**は，直接材料費の標準単価に，製品1単位あたりに要する標準直接材料消費数量（製品1単位あたりをムダなく製造したときの直

接材料の消費量）を乗じて計算する。標準単価および標準消費数量は，科学的，統計的調査にもとづいて予定される。

標準直接材料費＝標準単価×製品1単位あたりの標準直接材料消費数量

② 標準直接労務費

標準直接労務費は，直接作業に必要とされる標準賃率に，製品1単位あたりに要する標準直接作業時間（製品1単位あたりをムダなく製造したときの直接作業時間）を乗じて計算する。標準賃率および標準直接作業時間は，科学的，統計的調査にもとづいて予定される。

標準直接労務費＝標準賃率×製品1単位あたりの標準直接作業時間

③ 標準製造間接費

標準製造間接費は，設定された基準操業度における製造間接費予算額を基準操業度で除すことにより標準配賦率（操業度1時間あたりの標準製造間接費）を求め，そのうえで，標準配賦率に標準操業度（一般的に標準直接作業時間や標準機械運転時間が用いられる）を乗じることによって計算される。

標準製造間接費
＝標準配賦率×製品1単位あたりの標準操業度(標準直接作業時間など)

（2）標準原価カードの設定

設定された原価標準は標準原価カードへと集約される。なお，直接労務費および製造間接費は加工費であるが，標準原価計算においては，これらを分けて計算する。

第12章 標準原価計算（Ⅰ）

図表12-1　標準原価カード

	（標準単価）	（標準消費量）	
直接材料費	￥100／kg	5kg	￥500
	（標準賃率）	（標準直接作業時間）	
直接労務費	￥500／時間	10時間	￥5,000
	（標準配賦率）	（標準直接作業時間）	
製造間接費	￥150／時間	10時間	￥1,500
製品1個あたりの標準製造原価			￥7,000

例題12-1　（　）内に適切な金額を入れ，製品SSに関する標準原価カードを完成させなさい。

製品SSの標準原価カード

	（標準単価）	（標準消費量）	
直接材料費	￥50／kg	2kg	￥（①）
	（標準賃率）	（標準直接作業時間）	
直接労務費	￥150／時間	2時間	￥（②）
	（標準配賦率）	（標準直接作業時間）	
製造間接費	￥（③）／時間	2時間	￥200
製品1個あたりの標準製造原価			￥（④）

※問題集 p.82，問題1 へ

●**解答**●
① ￥50／kg×2kg＝￥100
② ￥150／時間×2時間＝￥300
③ ￥200÷2時間＝￥100／時間
④ ￥100＋￥300＋￥200＝￥600

4．標準原価の計算

（1）完成品原価の計算

標準原価計算制度においては，毎期の完成品原価を標準原価によって計算する。完成品原価は，原価標準に完成品数量を乗じることによって計算される。したがって，実際総合原価計算において行われる，平均法や先入先出法などによる原価の按分は行われない。計算式は以下のとおりである。

　　完成品の標準原価＝製品1単位あたりの標準原価(原価標準)×完成品数量

　　内訳 ｛ 直接材料費分：標準直接材料費×完成品数量
　　　　　 直接労務費分：標準直接労務費×完成品数量
　　　　　 製造間接費分：標準製造間接費×完成品数量

（2）仕掛品原価の計算

標準原価計算制度においては，期末仕掛品原価および期首仕掛品原価も，完成品原価と同様に標準原価によって計算する。上述したとおり，直接労務費および製造間接費は加工費であるため，その数量は加工進捗度を考慮した**完成品換算数量**（数量×加工進捗度）を用いて計算する。計算式は以下のとおりである。

　　期末仕掛品の標準原価＝製品1単位あたりの標準原価(原価標準)
　　　　　　　　　　　　×期末仕掛品数量(および完成品換算数量)
　　　　　　　　　　＝(標準直接材料費×期末仕掛品数量)
　　　　　　　　　　　＋(標準直接労務費×期末仕掛品数量×加工進捗度)
　　　　　　　　　　　＋(標準製造間接費×期末仕掛品数量×加工進捗度)

期首仕掛品の標準原価＝製品1単位あたりの標準原価(原価標準)
　　　　　　　　　×期首仕掛品数量(および完成品換算数量)
　　　　　　　＝(標準直接材料費×期首仕掛品数量)
　　　　　　　　＋(標準直接労務費×期首仕掛品数量×加工進捗度)
　　　　　　　　＋(標準製造間接費×期首仕掛品数量×加工進捗度)

（3）当期標準製造費用の計算

当期標準製造費用は，当期生産工程に投入された投入量に対する標準原価である。この当期標準製造費用を実際原価と比較することによって，原価差異が計算される。当期標準製造費用の計算式は以下のとおりである。

当期標準製造費用の計算＝(標準直接材料費×当期投入量)
　　　　　　　　　＋{標準直接労務費×当期投入量(完成品換算数量)}
　　　　　　　　　＋{標準製造間接費×当期投入量(完成品換算数量)}

例題12-2 TC工業の製品SSに関する以下の資料により，完成品原価，期末仕掛品原価，期首仕掛品原価および当期標準製造費用を求めなさい。なお，TC工業は標準原価計算を採用している。

＜資料＞

① 原価標準
　標準直接材料費：¥100
　標準直接労務費：¥300
　標準製造間接費：¥200

② 当期の生産実績
　期首仕掛品　　20個　(50%)
　当期投入　　 130個
　　合　計　　 150個
　期末仕掛品　　50個　(60%)
　完成品　　　 100個

※( )内は加工進捗度を表す。
材料は工程の始点にてすべて投入されている。

※問題集 p.82, 問題2 へ

●解答●
完成品原価：(¥100 + ¥300 + ¥200) × 100個 = ¥60,000
期末仕掛品原価：(¥100 × 50個) + (¥300 × 50個 × 60%) + (¥200 × 50個 × 60%)
　　　　　　　= ¥20,000
期首仕掛品原価：(¥100 × 20個) + (¥300 × 20個 × 50%) + (¥200 × 20個 × 50%)
　　　　　　　= ¥7,000
当期標準製造費用：(¥100 × 130個) + (¥300 × 120個) + (¥200 × 120個) = ¥73,000

●解説●
当期標準製造費用について，加工費（直接労務費と製造間接費）を計算する際に，完成品換算数量を用いる。

当期投入量（加工費）= {100個 + (50個 × 60%)} − (20個 × 50%) = 120個

仕掛品（加工費）

| 20個×50% = 10個 | 100個 |
| 120個 | 50個×60% = 30個 |

5．勘定記入の方法

　標準原価計算制度における仕掛品勘定の記入について，完成品原価，期末仕掛品原価および期首仕掛品原価は標準原価で記入される。また，完成品原価は標準原価で仕掛品勘定から製品勘定へと振り替えられる。
　一方で，当期製造費用，すなわち当期投入された直接材料費，直接労務費および製造間接費については，**パーシャル・プラン**と**シングル・プラン**の2つの記帳方法が存在する。

(1) パーシャル・プラン

　パーシャル・プランとは，仕掛品勘定の当期製造費用を実際原価で記入する方法である。パーシャル・プランにおいて，原価差異は仕掛品勘定にて把握される。この時，不利差異は原価差異勘定の借方に振り替えられ，有利差異は貸方に振り替えられる。

図表 12 － 2　パーシャル・プランによる勘定記入

※借方（不利）差異の場合

（2）シングル・プラン

　シングル・プランとは，仕掛品勘定の当期製造費用を標準原価で記入する方法である。シングル・プランにおいて，原価差異は各原価要素別の勘定で把握される。パーシャル・プランと同様に，不利差異は原価差異勘定の借方に振り替えられ，有利差異は貸方に振り替えられる。

図表 12 － 3　シングル・プランによる勘定記入

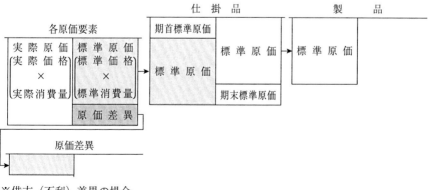

※借方（不利）差異の場合

例題12－3　TC工業は標準原価計算制度を採用している。以下の資料にもとづいて，パーシャル・プランにより仕掛品勘定および製品勘定を完成させなさい。

＜資料＞

① 当期標準原価データ
　　完成品の標準原価：¥60,000
　　期末仕掛品の標準原価：¥20,000
　　期首仕掛品の標準原価：　¥7,000

② 当期実際原価データ
　　直接材料費実際発生額：¥14,850
　　直接労務費実際発生額：¥38,750
　　製造間接費実際発生額：¥27,000

③ 製品在庫原価データ
　　期首在庫原価：¥30,000
　　期末在庫原価：¥12,000

④ 売上原価データ
　　当期売上原価：¥78,000

※問題集 p.84, 問題3 へ

● 解答 ●

仕　掛　品

前期繰越	7,000	製　　品	60,000
直接材料費	14,850	次期繰越	20,000
直接労務費	38,750	原価差異	7,600
製造間接費	27,000		
	87,600		87,600

製　品

前期繰越	30,000	売上原価	78,000
仕 掛 品	60,000	次期繰越	12,000
	90,000		90,000

第13章
標準原価計算（Ⅱ）

1．原価差異の算定と分析

　原価差異とは，標準原価と実際原価の差額である。原価差異は，これを構成する直接材料費差異，直接労務費差異，製造間接費差異に分解して把握する。そのうえで，それぞれの原価差異を，部門別や責任単位別さらに発生原因別に分析することによって，その原因を追及し，原価責任を問うことが可能となる。

　原価差異は，標準原価から実際原価を差し引くことで求めることができる。原価差異がマイナスの場合は，借方差異（不利差異），プラスの場合は，貸方差異（有利差異）となる。

　　原価差異＝標準原価－実際原価
　　　　　　＝（原価標準×実際生産量）－実際原価
　　　　　　＝直接材料費差異＋直接労務費差異＋製造間接費差異

2．直接材料費差異の算定と分析

　直接材料費差異とは，標準直接材料費と実際直接材料費の差額である。直接材料費差異は，価格差異と数量差異に分解できる。算定式は以下のとおりである。

直接材料費差異＝標準直接材料費－実際直接材料費
　　　　　　＝価格差異＋数量差異

※標準直接材料費＝標準単価×製品1単位あたりの標準消費量×当期投入量

（1）価格差異

価格差異は，標準単価と実際単価の差から発生する原価差異で，材料価格の変動などによって発生する。算定式は以下のとおりである。

価格差異＝（標準単価－実際単価）×実際消費数量

（2）数量差異

数量差異は，標準消費数量と実際消費数量の差から発生する原価差異で，材料の浪費などによって発生する。算定式は以下のとおりである。

数量差異＝標準単価×（標準消費数量－実際消費数量）

※標準消費数量＝製品1単位あたりの標準消費量×当期投入量

図表13－1　直接材料費差異

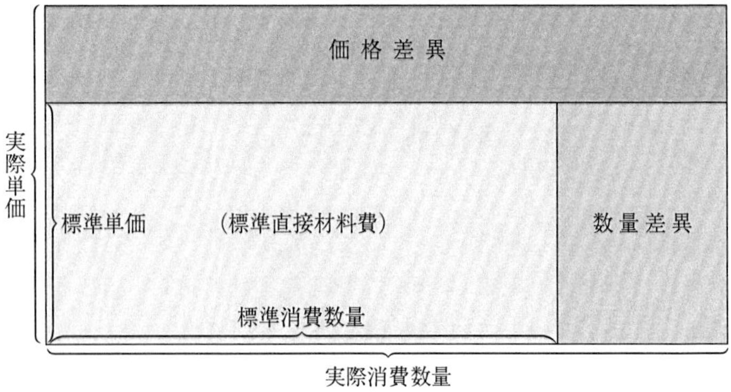

	価格差異	
標準単価	（標準直接材料費）	数量差異
	標準消費数量	
	実際消費数量	

（縦軸：実際単価）

> 例題13－1　次の製品SSに関する資料をもとに直接材料費差異，価格差異，数量差異を求めなさい。
>
> 〈資料〉
> 標準直接材料費：¥13,000　　　実際直接材料費：¥14,850
> 　標準単価：¥50　　　　　　　　実際単価：¥55
> 　標準消費量：260kg　　　　　　実際消費量：270kg
>
> ※問題集 p.90, 問題1 へ

●解答●
・直接材料費差異
　¥13,000 － ¥14,850 ＝ ¥△1,850
・価格差異
　（¥50 － ¥55）× 270kg ＝ ¥△1,350
・数量差異
　¥50 ×（260kg － 270kg）＝ ¥△500

3．直接労務費差異の算定と分析

直接労務費差異とは，標準直接労務費と実際直接労務費の差額である。直接労務費差異は，賃率差異と作業時間差異に分解できる。算定式は以下のとおりである。

直接労務費差異＝標準直接労務費－実際直接労務費
**　　　　　　　＝賃率差異＋作業時間差異**

※標準直接労務費＝標準賃率×製品1単位あたりの標準直接作業時間
　　　　　　　　×当期作業単位数（完成品換算数量）

(1) 賃率差異

賃率差異は，標準賃率と実際賃率の差から発生する原価差異で，直接工の賃金の改定や，単純作業を賃率の高い工員が行ったことなどが原因で発生する。算定式は以下のとおりである。

賃率差異＝（標準賃率－実際賃率）×実際直接作業時間

(2) 作業時間差異

作業時間差異とは，標準直接作業時間と実際直接作業時間の差から発生する原価差異で，直接工の作業能率の低下などが原因で発生する。算定式は以下のとおりである。

作業時間差異＝標準賃率×（標準直接作業時間－実際直接作業時間）

※標準直接作業時間＝製品1単位あたりの標準直接作業時間
　　　　　　　　　×当期作業単位数（完成品換算数量）

図表13－2　直接労務費差異

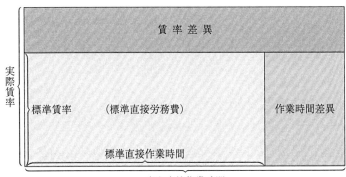

> **例題13－2** 次の製品 SS に関する資料をもとに直接労務費差異，賃率差異，作業時間差異を求めなさい。
>
> 〈資料〉
> 標準直接労務費：¥36,000　　実際直接労務費：¥38,750
> 標準賃率：¥150　　　　　　　実際賃率：¥155
> 標準作業時間：240 時間　　　実際作業時間：250 時間
>
> ※問題集 p.90，問題1 へ

●解答●

・直接労務費差異
　¥36,000 － ¥38,750 ＝ ¥△2,750
・賃率差異
　(¥150 － ¥155) × 250 時間 ＝ ¥△1,250
・作業時間差異
　¥150 ×(240 時間 － 250 時間) ＝ ¥△1,500

4．製造間接費差異の算定と分析

製造間接費差異とは，製造間接費標準配賦額と製造間接費実際発生額の差額である。製造間接費差異は，製品別に算出・分析する直接材料費差異や直接労務費差異とは異なり，部門別あるいは責任単位別に算出・分析する。製造間接費予算の設定が固定予算か変動予算かによって差異分析の方法が異なる。

(1) 固定予算にもとづく製造間接費差異の分析

固定予算とは，実際操業度（各原価計算期間において実際に操業された操業度）が基準操業度と異なる場合でも，基準操業度における予算額を製造間接費予算額（予算許容額）とする方法である。固定予算にもとづく製造間接費差異の分析においては，製造間接費差異を予算差異，能率差異，操業度差異に分解する。

① 予算差異

予算差異は，製造間接費予算額と実際発生額との差から生じる原価差異で，製造間接費の予算管理の良否が原因で発生する差異である。算定式は以下のとおりである。

予算差異＝製造間接費予算額－製造間接費実際発生額

② 能率差異

能率差異は，標準操業度（実際生産量における予定操業度）と実際操業度との差から生じる原価差異で，生産工程の能率の良否を示す。算定式は以下のとおりである。

能率差異＝標準配賦率×（標準操業度－実際操業度）

③ 操業度差異

操業度差異は，実際操業度と基準操業度の差から生じる原価差異で，生産設備の有効利用度を示す。算定式は以下のとおりである。

操業度差異＝標準配賦率×実際操業度－製造間接費予算額

図表13－3　固定予算における製造間接費の差異分析

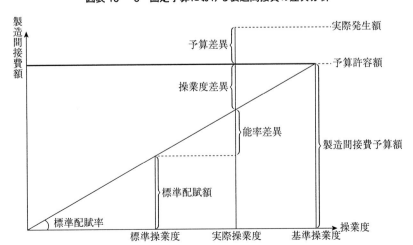

(2) 変動予算（公式法）にもとづく製造間接費の分析

変動予算とは，操業度の変化に応じて弾力的に設定された製造間接費予算のことである。変動予算には実査法変動予算と公式法変動予算があるが，本書では公式法変動予算の差異分析について解説する。

公式法変動予算とは，製造間接費を固定費と変動費に分解し，比例公式を用いて製造間接費予算額を設定する方法である。公式法変動予算では，固定費予算額は一定のままであるが，変動費については変動費率（操業度1時間あたりの変動費）を計算し，これに実際操業度をかけた金額を変動費予算額として固定費予算額に加算し，実際操業度に対する予算額（予算許容額）を算出する。

$$変動予算額＝固定費予算額＋変動費率 \times 実際操業度$$

$$標準配賦率 = \frac{固定費予算額＋変動費率 \times 基準操業度}{基準操業度}$$

$$＝固定費率＋変動費率$$

※固定費率＝固定費予算額÷基準操業度

変動予算（公式法）にもとづく製造間接費の分析においては，製造間接費差異をどのような原因別の差異に分解するかによって，4分法，3分法〔第1法〕，3分法〔第2法〕，2分法に分けられる。

図表13－4　変動予算（公式法）における製造間接費差異分析の方法

4分法	3分法〔第1法〕	3分法〔第2法〕(参考)	2分法(参考)
予算差異	予算差異	予算差異	管理可能差異
変動費能率差異	能率差異	能率差異	
固定費能率差異		操業度差異	操業度差異
操業度差異	操業度差異		

① 3分法〔第1法〕

3分法〔第1法〕は，製造間接費差異を予算差異，能率差異，操業度差異の3つに分けて分析する方法である。その際，能率差異は変動費および固定費の両方から算出する。

予算差異は，製造間接費予算額と実際発生額との差から生じる原価差異で，製造間接費の予算管理の良否が原因で発生する差異である。算定式は以下のとおりである。

予算差異＝実際操業度における製造間接費予算額－製造間接費実際発生額
**　　　　＝(固定製造間接費予算額＋実際操業度×変動費率)**
**　　　　　　　　　　　　　　　　　　　　－製造間接費実際発生額**

能率差異は，標準操業度と実際操業度との差から生じる原価差異で，生産工程の能率の良否を示す。算定式は以下のとおりである。

能率差異＝標準配賦率×(標準操業度－実際操業度)
**　　　　＝標準配賦額－実際操業度×標準配賦率**

操業度差異は，実際操業度と基準操業度の差から生じる原価差異で，生産設備の有効利用度を示す。算定式は以下のとおりである。

操業度差異＝固定費率×(実際操業度－基準操業度)
**　　　　　＝標準配賦率×実際操業度**
**　　　　　　－実際操業度における製造間接費予算額**

② 4分法

4分法は，3分法〔第1法〕の能率差異をさらに変動費能率差異，固定費能率差異に分解し，製造間接費差異を4つに分けて分析する方法である。算定式は，それぞれ以下のとおりである。

変動費能率差異＝変動費率×(標準操業度－実際操業度)
固定費能率差異＝固定費率×(標準操業度－実際操業度)

第13章 標準原価計算（Ⅱ）◎──115

図表 13 − 5　変動予算（公式法）における製造間接費の差異分析

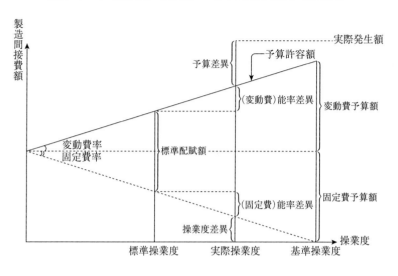

例題 13 − 3　TC 工業は標準原価計算制度を採用している。また，製造間接費に関しては，変動予算（公式法）を採用し，直接作業時間を配賦基準としている。以下の資料をもとに製造間接費差異を計算し，3 分法で予算差異，能率差異，操業度差異を求めなさい。なお，能率差異は変動費および固定費から成るものとする。

① 標準原価データ
標準配賦率：¥100
標準操業度：240 時間（直接作業時間）

② 実際原価データ
製造間接費：¥27,000
実際操業度：250 時間（直接作業時間）

③ 製造間接費予算額
変動費率：¥40 ／時間
固定予算額：¥16,200（固定費率：¥60 ／時間）
月間基準操業度：270 時間（直接作業時間）

※問題集 p.92，問題2 へ

●解答●
・予算差異
 (¥16,200 + 250時間×¥40／時間) - ¥27,000 = ¥△800
・能率差異
 ¥100 ×(240時間 - 250時間) = ¥△1,000
・操業度差異
 ¥60／時間×(250時間 - 270時間) = ¥△1,200
・製造間接費差異
 ¥△800 + ¥△1,000 + ¥△1,200 = ¥△3,000

5．原価差異の会計処理

　原価差異は，その発生が正常の範囲内であれば，原則として売上原価に賦課し，その場合，原価差異は損益計算書の売上原価の内訳項目として記載される。なお，異常な差異は非原価項目として処理される。

図表13－6　標準原価計算制度における損益計算書の様式

損益計算書

Ⅰ 売　　上　　高		××××
Ⅱ 売　上　原　価　　　標準原価		
1　期首製品棚卸高	××××	
2　当期製品標準製造原価	××××	
合　　　　計	××××	
3　期末製品棚卸高	××××	
標準売上原価	××××	
4　原価差異	××××	××××
売 上 総 利 益		××××
Ⅲ 販売費および一般管理費		××××
営　業　利　益		××××

例題 13 － 4 TC工業の当月末の総勘定元帳にもとづき，当月の月次損益計算書（一部）を完成させなさい。なお，原価差異は，月ごとに損益計算書に反映させており，その全額を売上原価に賦課する。

〈勘定記録〉

仕　掛　品
前 月 繰 越	7,000	製　　　　品	60,000
直 接 材 料 費	14,850	次 月 繰 越	20,000
直 接 労 務 費	38,750	原 価 差 異	7,600
製 造 間 接 費	27,000		
	87,600		87,600

製　　品
前 月 繰 越	30,000	売 上 原 価	78,000
仕 掛 品	60,000	次 月 繰 越	12,000
	90,000		90,000

原　価　差　異
仕 掛 品	7,600	売 上 原 価	7,600

売　上　原　価
製　　品	78,000	月 次 損 益	85,600
原 価 差 異	7,600		
	85,600		85,600

月　次　損　益
売 上 原 価	85,600	売　　　　上	130,000

※問題集 p.96, 問題 4 へ

● 解答 ●

月次損益計算書（一部）

Ⅰ	売　　上　　高			130,000
Ⅱ	売　　上　　原　　価			
	1　月初製品棚卸高		30,000	
	2　当月製品標準製造原価		<u>60,000</u>	
	合　　　　計		90,000	
	3　月末製品棚卸高		<u>12,000</u>	
	標準売上原価		78,000	
	4　原価差異		<u>7,600</u>	<u>85,600</u>
	売 上 総 利 益			<u>44,400</u>

第14章

直接原価計算

1．直接原価計算

直接原価計算とは，製造原価を変動費と固定費に区分した上で，固定費の回収を意識して，変動費（変動製造原価）のみを製品原価として集計し，固定費（固定製造原価）については期間原価として処理する原価計算方式である。売上高から変動費を引いて**限界利益（貢献利益）**を計算することから，限界原価計算とも呼ばれる。

変動費とは，売上高や生産量の増減に比例して増減する原価であり，固定費とは，売上高や生産量の増減にかかわらず一定額が発生する原価である。貢献利益とは，売上高から変動費を控除した利益のことである。そして貢献利益から固定費を控除すると営業利益が算定される。したがって，**貢献利益**は，固定費を回収し，営業利益の創出に貢献する利益を表している。

これまで学習してきた原価計算は，実際原価計算であれ標準原価計算であれ，すべての製造原価を製品に集計する方法であり，これらを全部原価計算という。これに対して，直接原価計算は，変動費という原価要素の一部のみで製品原価を計算するため，部分原価計算と呼ばれる。

また，直接原価計算では，販売費及び一般管理費についても変動費（変動販売費）と固定費（固定販売費ならびに一般管理費）に分類する。そして，これらの原価は，固定製造間接費とともに，期間原価として処理される。

図表14－1は直接原価計算による原価の分類である。すなわち，製品原価となるのが変動製造原価と変動製造間接費であり，期間原価となるのが，固定

第14章 直接原価計算

図表14－1　直接原価計算における原価の分類

	製造原価		販売費	一般管理費
	製造直接費	製造間接費		
変動費	変動製造原価	変動製造間接費	変動販売費	
固定費		固定製造間接費	固定販売費	一般管理費

▰▰▰…製品原価　　▰▰▰…期間原価

製造間接費，変動販売費，固定販売費，一般管理費である。

　このような原価の分類にもとづき，直接原価計算では，売上高から変動製造原価を控除して製造マージンを求め，そこから変動販売費を控除して貢献利益（限界利益）を求め，さらに固定費を控除することで営業利益を算定する。

　直接原価計算の構造上の特徴から，会計による経営管理に対して，以下のような機能を持つと考えられる。

（1）期間損益計算の修正

　直接原価計算では，固定製造間接費を製品原価に含めないため，在庫量の変動による期間利益の歪みを取り除くことができる。

　全部原価計算のもとでは，固定製造間接費は製品原価に集計されるため，その一定割合が在庫品とともに次年度に繰り越される。したがって，在庫量を増やすと，固定製造間接費の一部が次年度へ繰り越されるため，今年度の利益を過大に表示することが可能になる。つまり，全部原価計算では，在庫量が増加あるいは減少することにより，期間損益を恣意的に変動させることができるが，直接原価計算では，変動製造原価のみで製品原価を算定するため，このような在庫量の変動による期間損益変動の影響を排除できる。

（2）短期利益計画の策定

　直接原価計算では，原価を変動費と固定費に区別し，貢献利益を算定することにより，原価・売上高（生産量）・利益関係を把握することができるため，短

期利益計画の策定に対して，損益分岐図表などの有用な情報を提供することができる。

（3）経営意思決定への情報提供

　直接原価計算では，費用の変動費と固定費の分解とそこから計算される貢献利益等により，事業部，地域，顧客，製品などのセグメント別損益計算書による業績評価や，貢献利益法によるプロダクト・ミックスに関する意思決定や，価格決定などに有用な情報を提供することができる。

2．直接原価計算による損益計算

　直接原価計算による損益計算は，次の手順で行う。

① 　売上高－変動売上原価（変動製造原価＋変動製造間接費）＝変動製造マージン
② 　変動製造マージン－変動販売費＝貢献利益（限界利益）
③ 　貢献利益－固定費（固定製造間接費＋固定販売費＋一般管理費）＝営業利益

　直接原価計算では，一定期間の売上高から，まず製造に要した**変動製造原価（変動売上原価）**を差し引いて製造マージンを算定し，そこから販売に要した変動販売費（販売費のうち変動費となる原価）を控除して貢献利益を求める。
　貢献利益は，固定費の回収と営業利益の創出に貢献する利益額をあらわすものであり，製品ごとの収益性の分析などに対して有用な情報を得ることができる。また，貢献利益は売上高から，売上高に比例して増減する変動費を差し引いて求められるため，貢献利益自体も売上高に比例する。したがって，売上高の増減によって原価と利益がどのような影響を受けるかといった関係を把握することができるようになり，利益計画の策定に対しても有用な情報を得られる。
　さらに，貢献利益から固定費に該当する原価，すなわち，固定製造間接費と販売費のうち固定費となる固定販売費，そして一般管理費（通常，固定費とな

る）を控除して営業利益を算定する。

　直接原価計算における損益計算と，全部原価計算における損益計算における計算構造の違いは，算定される棚卸資産（製品，仕掛品）の原価の違いとなって発現する。直接原価計算と全部原価計算において，製品原価に集計される原価の範囲が異なるためである。すなわち，全部原価計算では，製造原価はすべて製品原価に含めるのに対して，直接原価計算では，固定製造間接費を製品原価に含めず，期間原価として期間に対応させ，変動製造原価のみで製品原価を算定するためである。

　このような直接原価計算と全部原価計算とでは，固定製造間接費の取り扱いが異なるため，棚卸資産に含まれる固定製造間接費の額だけ，全部原価計算と直接原価計算では営業利益の額も異なってくることになる（図表14－2）。

図表14－2　全部原価計算と直接原価計算の原価集計の相違

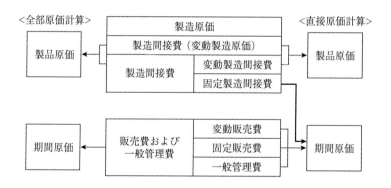

　図表14－3は全部原価計算と直接原価計算による損益計算書である。

図表 14 － 3　全部原価計算と直接原価計算による損益計算書

〈全部原価計算〉

```
            損 益 計 算 書

Ⅰ  売上高                                    ××××
Ⅱ  売上原価
    1  期首製品棚卸高           ××××
    2  当期製品製造原価         ××××
          合    計             ××××
    3  期末製品棚卸高           ××××      ××××
          売 上 総 利 益                     ××××
Ⅲ  販売費及び一般管理費                      ××××
          営 業 利 益                        ××××
```

〈直接原価計算〉

```
            損 益 計 算 書

Ⅰ  売 上 高                                  ××××
Ⅱ  変動売上原価
    1  期首製品棚卸高           ××××
    2  当期製品変動製造原価     ××××
          合    計             ××××
    3  期末製品棚卸高           ××××      ××××
          変動製造マージン                   ××××
Ⅲ  変動販売費                               ××××
          貢献利益                           ××××
Ⅳ  固 定 費
    1  固定製造間接費           ××××
    2  固定販売費及び一般管理費 ××××      ××××
          営 業 利 益                        ××××
```

第14章 直接原価計算

例題14－1　次の資料にもとづき，全部原価計算と直接原価計算による月次損益計算書を作成しなさい。

1．当月原価データ
　　製品1個あたり　　変動費　　￥360　　　固定費　　￥1,800,000
　　製品1個あたり　　変動販売費　￥120　　固定販売費　￥720,000
　　固定一般管理費　　　　　￥1,200,000
2．当月製品データ
　　月初製品棚卸数量　　　0個
　　当月完成品数量　　2,400個
　　月末製品棚卸数量　　600個
　　当月製品販売数量　1,800個
　　製品販売単価　　　￥2,400

● 解説 ●

〈全部原価計算〉

月次損益計算書　　　　　（単位：千円）

Ⅰ　売　上　高		4,320
Ⅱ　売上原価		
1　月初製品棚卸高	0	
2　当月製品製造原価	2,664	
合　　　計	2,664	
3　月末製品棚卸高	666	1,998
売　上　総　利　益		2,322
Ⅲ　販売費及び一般管理費		2,163
営　業　利　益		186

全部原価計算による損益計算書

売上高＝￥2,400 × 1,800個＝￥4,320,000

当月製品製造原価＝（￥360 ＋ ￥1,800,000 ÷ 2,400個）× 2,400個＝￥2,664,000

月末製品棚卸高＝（￥360 ＋ ￥1,800,000 ÷ 2,400個）× 600個＝￥666,000

販売費及び一般管理費＝（￥120 × 1,800個）＋ ￥720,000 ＋ ￥1,200,000 ＝￥2,136,000

〈直接原価計算〉

月次損益計算書　　　　　　（単位：千円）

Ⅰ	売 上 高			4,320
Ⅱ	変動売上原価			
	1 月初製品棚卸高		0	
	2 当月製品変動製造原価		864	
	合　　　計		864	
	3 月末製品棚卸高		216	648
	変動製造マージン			3,672
Ⅲ	変動販売費			216
	貢献利益			3,456
Ⅳ	固　定　費			
	1 固定製造間接費		1,800	
	2 固定販売費及び一般管理費		1,920	3,720
	営　業　利　益			△ 264

直接原価計算による損益計算書

売上高＝¥2,400 × 1,800 個＝¥4,320,000

当月製品製造原価＝¥360 × 2,400 個＝¥864,000

月末製品棚卸高＝¥360 × 600 個＝¥216,000

販売費及び一般管理費＝¥720,000 ＋ ¥1,200,000 ＝ ¥1,920,000

3. 全部原価計算と直接原価計算による営業利益と固定費調整

　経営管理に役立つ有用な情報を提供する原価計算方式である直接原価計算は，英米においては，財務諸表作成のベースとなっている。しかし，日本では，公表財務諸表作成のために直接原価計算を用いることが認められていないため，全部原価計算を用いて作成しなければならない。

　そこで，直接原価計算を採用する場合，直接原価計算によって算定された営業利益を，期末に，全部原価計算にもとづく営業利益に修正しなければならない。このような，営業利益の修正を**固定費調整**という。

　直接原価計算による営業利益と全部原価計算による営業利益が一致しないのは，全部原価計算においては，製造原価はすべて製品原価に含めるのに対して，直接原価計算においては，固定製造間接費を製品原価に含めず，変動製造原価のみで製品原価を算定するためである。つまり，棚卸資産に含まれる固定製造間接費の額だけ，全部原価計算と直接原価計算では営業利益の金額が異なってくるのである。

　したがって，固定費調整は，次のように，直接原価計算による営業利益に対して，棚卸資産（仕掛品・製品）に含まれる固定製造間接費の金額を調整するかたちで行われる。

直接原価計算による営業利益	×××
＋期末棚卸資産（仕掛品・製品）の固定製造間接費	×××
－期首棚卸資産（仕掛品・製品）の固定製造間接費	×××
全部原価計算による営業利益	×××

4. 短期利益計画とCVP分析

　企業の経営者は毎期，利益計画を策定し，目標利益を達成するよう企業活動

を管理していく。この利益計画を策定する際に有用な技法が**CVP分析**である。

CVPとは，C（原価：cost），V（売上高・生産量：volume），P（利益：profit）のことであり，CVP分析は，これら原価・売上高（生産量）・利益の相互関係を分析することで，利益計画策定に役立つ情報を得ることを目的としている。

CVP分析の基本的な関係は次のようにあらわされる。

   売上高－変動費＝貢献利益 貢献利益－固定費＝営業利益

ここで，変動費は売上高の増減に比例して増減する原価であるため，売上高から変動費を控除した利益である貢献利益も，売上高の増減と比例関係を持つことになる。したがって，CVP分析では，売上高の増加に伴って原価と利益がどのような影響を受けるかの情報が得られるようになる。

さらにCVP分析では，目標とする利益を達成するためには売上高がどのくらい必要か，どのくらい原価を削減する必要があるかといった分析へ展開していくことができる。このように，CVP分析は，短期利益計画の策定に対して有用な情報を提供するツールである。

5．CVP分析と損益分岐点分析

CVP分析の中で，特に利益がゼロの場合についての分析を**損益分岐点分析**という。損益分岐点とは損失と利益が分岐する点のことであり，企業にとってはちょうど利益がゼロの採算点となる。したがって，損益分岐点分析においては，利益がゼロのときの売上高（V）と原価（C）の関係を分析するものである。

ここで，売上高に対して変動費の占める割合（$\frac{変動費}{売上高}$）は，**変動費率**と呼ばれ，売上高に対して貢献利益の占める割合（$\frac{貢献利益}{売上高}$）は，**貢献利益率**と呼ばれる。両者は「変動費率＋貢献利益率＝100％」という関係にある。

6．損益分岐図表

　CVPの関係は，次に示す損益分岐図表と呼ばれる図表を用いてあらわすことができる。

図表 14 － 4　損益分岐図表

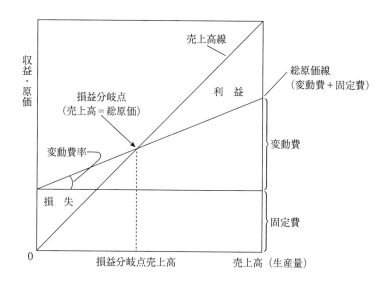

　損益分岐図表は，横軸に売上高（生産量），縦軸に収益・原価をとり，これに売上高，固定費，変動費を描き込むことで，視覚的にCVP関係を分析することができる。

　図表上，売上高をあらわす売上高線と，総原価（変動費＋固定費）をあらわす総原価線が交わった点（売上高＝総原価，すなわち利益＝0）が損益分岐点となる。そして，そのときの売上高（横軸との交点）が損益分岐点における売上高を示す損益分岐点売上高となる。

　損益分岐点の右側の領域は，売上高＞総原価であるため，その差額分，利益

が発生している状況をあらわしている。一方，損益分岐点の左側の領域は，売上高＜総原価となっているため，その差額分，損失が発生している状況をあらわしている。

(1) 損益分岐点販売数量の算定

損益分岐点における販売数量の算定式は，次のように導くことができる。

売上高　＝　変動費　＋　固定費　＋　0
（販売単価×損益分岐点販売数量）
　＝（単位当たり変動費×損益分岐点販売数量）＋固定費
（販売単価－単位当たり変動費）×損益分岐点販売数量＝固定費

$$損益分岐点販売数量 = \frac{固定費}{販売単価 - 単位当たり変動費}$$
$$= \frac{固定費}{単位当たり貢献利益}$$

第 15 章

本社工場会計

1．工業会計の独立

　経営規模が大きくなると，本社と離れた場所に工場を設置したり生産工程が複雑になったりするため，本社と工場の会計を一本化して処理することが難しくなる。そこで，本社の会計から工場の会計を独立させて，製造活動に関する記録を工場において行うようになる。これを**工場会計の独立**という。

　工場会計を独立させた場合，工場では製品の製造に関する取引を記録する。そのため，本社の帳簿から製品の製造に関する勘定を抜き出し，仕訳帳は本社の一般仕訳帳と工場の工場仕訳帳に分け，総勘定元帳は本社の一般元帳と工場の工場元帳に分離することで，工場独自の帳簿組織を設定する。

2．工場会計の独立における取引の記帳

　工場会計を独立させた場合，一般的に工場元帳には製造に関わる諸勘定が記入され，本社の一般元帳には購買活動または販売活動に関する諸勘定が記入される（図表 15 - 1）。さらに，工場元帳には本社との貸借関係を処理するために**本社勘定**，一般元帳には工場との貸借関係を処理するために**工場勘定**を設ける。

図表 15 － 1　工場・本社の帳簿と勘定

会計単位	帳 簿	勘 定
工 場	工場元帳 工場仕訳帳	・製造活動…材料勘定，労務費勘定，経費勘定，仕掛品勘定など。 ・本社との貸借関係…本社勘定
本 社	一般元帳 一般仕訳帳	・購買または販売活動…買掛金勘定，売掛金勘定，売上勘定など。 ・工場との貸借関係…工場勘定

　工場会計を独立させた場合の会計処理は，取引を①本社だけに関係のある取引，②工場だけに関係のある取引，③本社と工場の両方に関係のある取引の3つに分類する。

① 本社だけに関係のある取引

　　取引先からの掛代金の回収や支払いなどの，工場元帳とは関係のない取引に関しては，本社に設けられている一般仕訳帳と一般元帳に記載する。

【例】：本社が売掛金¥250,000 を現金で回収した。

　　　［本社］（借）現　金　　250,000　　　（貸）売掛金　　250,000
　　　［工場］仕訳なし

② 工場だけに関係のある取引

　　工場元帳には製造活動に関する勘定を設けるのが一般的であり，製造活動に関しては工場においてのみ記録される。

【例】：材料¥100,000 を直接材料費として消費した。

　　　［本社］仕訳なし
　　　［工場］（借）仕掛品　　100,000　　　（貸）材　料　　100,000

③ 本社と工場の両方に関係のある取引

　　本社と工場の両方に関係する取引は，本社で設けた工場勘定と工場で設けた本社勘定に記録される。

【例】：材料¥200,000 を掛けで購入した。ただし，工場会計は独立させて

いない。

　　　　　　　（借）材　料　200,000　　　（貸）買掛金　200,000

【例】：本社が材料¥200,000を掛けで購入し，材料は仕入先から工場に直送された。ただし，工場会計を独立させており，工場には材料勘定が設けられている。

　　　　　　　（借）材　料　200,000　　　（貸）買掛金　200,000
　[本社]（借）工　場　200,000　　　（貸）買掛金　200,000
　[工場]（借）材　料　200,000　　　（貸）本　社　200,000

　工場会計を独立させている場合では，独立させていない場合と同様の取引に関する仕訳を行い，工場に設けられた勘定を考慮に入れ，本社の仕訳と工場の仕訳に分解する。工場が本社に対して負う金額を本社勘定の貸方に記入し，本社ではこれを工場勘定の借方に記入する。同様に，工場が本社に負担させうる金額は，工場では本社勘定の借方に記入し，本社では工場勘定の貸方に記入する。これによって，一定時点における本社勘定と工場勘定は，同一金額において貸借反対記入がなされ，貸借残高も反対に一致している。

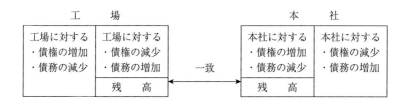

例題15－1　工場は，工場会計を独立させている。工場元帳では，材料，製造間接費，仕掛品，製品，本社の各勘定を設けている。本社の一般元帳では，現金，買掛金，売掛金，売上，売上原価，減価償却累計額，工場の各勘定を設けている。以下の取引について，本社および工場のそれぞれの仕訳を示しなさい。仕訳がない場合には仕訳なしと記入すること。

① 本社は材料￥20,000を掛けで購入し，材料を工場に送った。
② 工場は，材料（直接材料￥10,000と間接材料￥4,000）を消費した。
③ 製造間接費￥8,000を予定配賦した。
④ 当月の完成品原価は￥50,000であった。完成品は倉庫に納入した。
⑤ 本社は製品を￥30,000（原価：￥150,000）で掛売りした。

※問題集 p.106, 問題1 へ

● 解答 ●

① ［本社］（借）工　　　場　　20,000　　（貸）買　掛　金　　20,000
　　［工場］（借）材　　　料　　20,000　　（貸）本　　　社　　20,000
② ［本社］仕訳なし
　　［工場］（借）仕　掛　品　　10,000　　（貸）材　　　料　　14,000
　　　　　　　　製造間接費　　 4,000
③ ［本社］仕訳なし
　　［工場］（借）仕　掛　品　　 8,000　　（貸）製造間接費　　 8,000
④ ［本社］仕訳なし
　　［工場］（借）製　　　品　　50,000　　（貸）仕　掛　品　　50,000
⑤ ［本社］（借）売　掛　金　　300,000　　（貸）売　　　上　　300,000
　　　　　　　　売 上 原 価　 150,000　　　　　 工　　　場　 150,000
　　［工場］（借）本　　　社　 150,000　　（貸）製　　　品　 150,000

● 解説 ●

①　買掛金は一般元帳，材料は工場元帳に設定されているため，それぞれの元帳で両勘定の増加を記録する。その時の相手勘定として，本社では工場勘定，工場では本社勘定を用いる。

②③④　材料勘定，仕掛品勘定，製造間接費勘定，製品勘定が工場元帳に設定されていることから，本社では仕訳をする必要がない。

⑤　売上原価勘定は一般元帳，製品勘定は工場元帳に設定されているため，両勘定の増加をそれぞれの元帳で記録しなければならない。その時の相手勘定として，本社では工場勘定，工場では本社勘定を用いる。なお，売掛金と売上の増加は，一般元帳に勘定が設定されているため本社で仕訳を行う。

索　引

A−Z

C（原価：cost） 126
CVP分析 126
P（利益：profit） 126
V（売上高・生産量：volume） 126

ア

移動平均法 16

カ

外注加工賃 34
外部活動 1
価格差異 108
完成品換算数量 66, 102
間接経費 33
間接材料費 7
間接労務費 22
基準操業度 99
期末（月末）仕掛品評価 2
給与勘定 23
給料 21
組間接費 85
組製品 85
組直接費 85
継続記録法 13
経費 2
原価 2
限界利益（貢献利益） 118
原価管理 98
原価計算 2
──── 期間 2
──── 表 59
原価差異 107
減価償却費 35
原価の3要素 3
原価標準 99
原価部門 49
原価要素 2
減損 72
貢献利益 118
──── 率 126
工場会計の独立 129
工場勘定 129
購買活動 1
固定費 4
──── 調整 125
固定予算 46, 111
個別原価計算 57

サ

材料勘定 12
材料費 2, 6
──── 勘定 13
材料副費（付随費用） 8
先入先出法 15, 69
作業屑 63
作業時間差異 110
仕掛品 2
仕損 62, 72
──── 費 62
主産物 94
準固定費 4
準変動費 4

消費材料勘定……………………13
消費賃金勘定……………………26
シングル・プラン………………104
数量差異…………………………108
製造活動……………………………1
製造間接費…………………4, 40, 59
────差異…………………111
────配賦差異………………46
製造原価……………………………2
製造指図書………………………57
製造直接費…………………4, 40, 59
製造部門…………………………49
積数…………………………………81
前工程費…………………………90
操業度差異………………………114
総原価………………………………2
相互配賦法………………………53
総平均法…………………………15
損益分岐点分析…………………126

タ

棚卸計算法………………………14
棚卸減耗…………………………14
────損…………………14, 36
直接経費…………………………33
直接原価計算……………………118
直接材料費…………………………7
────差異…………………107
直接配賦法………………………53
直接労務費………………………22
────差異…………………109
直課…………………………………8
賃金………………………………21
────勘定……………………23
賃率差異…………………………110
等価係数…………………………81
等級製品…………………………81
特定製造指図書…………………58

ナ

内部活動……………………………1
能率差異…………………………114

ハ

配賦…………………………4, 8, 40
パーシャル・プラン……………104
販売及び一般管理費………………2
販売活動……………………………1
非原価項目…………………………3
標準原価…………………………98
────計算……………………98
標準製造間接費…………………100
標準直接材料費…………………99
標準直接労務費…………………100
賦課…………………………………40
副産物……………………………94
部門別計算………………………49
平均法……………………………68
変動製造原価（変動売上原価）…120
変動費………………………………4
────率……………………126
変動予算……………………46, 113
補助部門…………………………49
本社勘定…………………………129

マ

未払賃金勘定……………………25

ヤ

予算差異…………………………114
予定価格…………………………17
予定消費賃率……………………29

ラ

労務費…………………………2, 21
────勘定……………………26

《編著者紹介》

相川奈美（あいかわ・なみ）担当：第 1 章
  1975 年　長崎県に生まれる
  2004 年　九州産業大学大学院商学研究科博士後期課程満期退学
  2004 年　愛知学泉大学専任講師，四天王寺大学専任講師を経て，
  現　在　名城大学経営学部准教授

主要著書
『会計のリラティヴィゼーション』（編著）創成社。
『会計による経営管理』（編著）税務経理協会。
『企業会計の歴史的諸相―近代会計の萌芽から現代会計へ―』（共著）創成社。
その他，著書・論文多数。

《著者紹介》（執筆順）

麻場勇佑（あさば・ゆうすけ）担当：第 2 章〜第 4 章，第 12 章，第 13 章
  駿河台大学経済経営学部准教授

中川仁美（なかがわ・ひとみ）担当：第 5 章，第 6 章
  作新学院大学経営学部准教授

野口翔平（のぐち・しょうへい）担当：第 7 章，第 15 章
  日本大学経済学部助教

菅森　聡（すがもり・さとし）担当：第 8 章〜第 11 章
  沖縄国際大学産業情報学部専任講師

村田直樹（むらた・なおき）担当：第 14 章
  日本大学経済学部教授

（検印省略）

2018 年 4 月 5 日　初版発行　　　　　　　略称 ― 工業簿記

工業簿記の基礎テキスト

編著者　相 川 奈 美
発行者　塚 田 尚 寛

発行所　東京都文京区　　株式会社　創 成 社
　　　　春日 2 - 13 - 1

電　話　03（3868）3867　　F A X　03（5802）6802
出版部　03（3868）3857　　F A X　03（5802）6801
http://www.books-sosei.com　振　替　00150-9-191261

定価はカバーに表示してあります。

©2018 Nami Aikawa　　組版：トミ・アート　印刷：エーヴィスシステムズ
ISBN978-4-7944-1525-7 C3034　製本：宮製本所
Printed in Japan　　落丁・乱丁本はお取り替えいたします。

―― 簿記・会計選書 ――

工業簿記の基礎テキスト	相川奈美 編著	1,500円
工業簿記の基礎問題集	相川奈美 編著	1,500円
簿記の基礎テキスト	村田直樹／沼惠一／竹中徹／麻場勇佑 編著	1,800円
簿記の基礎問題集	村田直樹 編著	1,700円
複式簿記の理論と計算	村田直樹／竹中徹／森口毅彦 編著	3,600円
複式簿記の理論と計算 問題集	村田直樹／竹中徹／森口毅彦 編著	2,200円
会計原理 ―会計情報の作成と読み方―	斎藤孝一 著	2,000円
IFRS教育の実践研究	柴健次 編著	2,900円
IFRS教育の基礎研究	柴健次 編著	3,500円
簿記のススメ ―人生を豊かにする知識―	上野清貴 監修	1,600円
非営利組織会計テキスト	宮本幸平 著	2,000円
監査人監査論 ―会計士・監査役監査と監査責任論を中心として―	守屋俊晴 著	3,600円
社会的責任の経営・会計論 ―CSRの矛盾構造とソシオマネジメントの可能性―	足立浩 著	3,000円
社会化の会計 ―すべての働く人のために―	熊谷重勝／内野一樹 編著	1,900円
原価計算の基礎	阪口要 編著	2,400円
活動を基準とした管理会計技法の展開と経営戦略論	広原雄二 著	2,500円
ライフサイクル・コスティング ―イギリスにおける展開―	中島洋行 著	2,400円
アメリカ品質原価計算研究の視座	浦田隆広 著	2,200円
会計の基礎ハンドブック	柳田仁 編著	2,600円

(本体価格)

―― 創成社 ――